Gerechtigkeit verstehen

Veröffentlichungen der
Rudolf-Bultmann-Gesellschaft für
Hermeneutische Theologie e. V.

Gerechtigkeit verstehen

Theologische, philosophische, hermeneutische Perspektiven

Herausgegeben von Christof Landmesser
und Enno Edzard Popkes

EVANGELISCHE VERLAGSANSTALT
Leipzig

Bibliographische Information der Deutschen Nationalbibliothek
Die Deutsche Nationalbibliothek verzeichnet diese Publikation in der Deutschen Nationalbibliographie; detaillierte bibliographische Daten sind im Internet über http://dnb.dnb.de abrufbar.

Das Buch wurde auf alterungsbeständigem Papier gedruckt.

Cover: Kai-Michael Gustmann, Leipzig
Satz: Swantje Rinker, Kiel
Druck und Binden: Hubert & Co., Göttingen

ISBN 978-3-374-04916-5
www.eva-leipzig.de

Vorwort

Vom 22. Februar bis 24. Februar 2016 fand in der Evangelischen Akademie Baden (Bad Herrenalb) die 18. Jahrestagung der Rudolf-Bultmann-Gesellschaft für Hermeneutische Theologie e.V. statt, deren Erträge durch den vorliegenden Sammelband dokumentiert werden. Es handelte sich um den ersten Teil eines Gesamtkonzepts, das auf zwei Jahrestagungen angelegt ist und das sich einem Thema widmet, welches für alle Bereiche gesellschaftlichen Lebens von höchster Relevanz ist: Gerechtigkeit. Während die Jahrestagung 2016 unter dem Leitthema »Gerechtigkeit verstehen. Theologische, philosophische, hermeneutische Perspektiven« sich zunächst mit erkenntnis- und wissenschaftstheoretischen Voraussetzungen einer Auseinandersetzung mit diesem zentralen Begriff befasste, wird sich die Jahrestagung 2017 mit konkreten gesellschaftlichen Aufgaben und Herausforderungen auseinandersetzen, bei denen zu klären ist, wie konkret Gerechtigkeit gelebt und ermöglicht werden kann.

Bevor die Themen und Anliegen der Tagung 2016 erläutert werden, möchten wir zunächst jenen Personen und Institutionen danken, welche uns zu deren Durchführung und Dokumentation verholfen haben. Dies gilt zunächst für die Evangelische Akademie Baden, die uns zum zweiten Mal den Raum für unsere Tagung zur Verfügung stellte. Ferner danken wir jenen Referentinnen und Referenten, Teilnehmerinnen und Teilnehmern, welche die Voraussetzungen für lebhafte Diskussionen geschaffen haben, die durch den vorliegenden Tagungsband abgebildet werden. Deren Veröffentlichung ermöglichte nun bereits zum dritten Mal Swantje Rinker (Kiel), indem sie die Druckvorlage des Bandes anfertigte. Gleiches gilt für die editorische Betreuung durch Frau Dr. Annette Weidhas und ihren Mitarbeiterinnen und Mitarbeitern bei der Evangelischen Verlagsanstalt Leipzig.

Tübingen und Kiel im Oktober 2016
Christof Landmesser
Enno Edzard Popkes

Inhalt

Einleitung

Menschliches Leben kann sich nur dort angemessen entfalten, wo auch Gerechtigkeit herrscht. Das gilt für alle Ebenen des sozialen Lebens. Persönliche Beziehungen und familiäre Strukturen sind genauso auf Gerechtigkeit angewiesen, wie Gerechtigkeit in einem Gemeinwesen und zwischen den Völkern zu fordern ist. Was aber ist Gerechtigkeit? Ganz selbstverständlich und berechtigt fordern wir Gerechtigkeit in allen Bereichen unseres Lebens. Um Gerechtigkeit aber auch zur Geltung zu bringen, ist eine grundsätzliche Verständigung darüber erforderlich, was wir unter Gerechtigkeit verstehen wollen. Die Suche und die Frage nach Gerechtigkeit ist zutiefst verankert in der jüdisch-christlichen Überlieferung. Im Raum der christlichen Tradition bedarf es deshalb eines genauen Blicks in die biblischen Texte, um nachzuvollziehen, welche Dimensionen von Gerechtigkeit grundlegend sind. Nicht nur das Verhältnis der Menschen untereinander, sondern auch ihr Gottesverhältnis ist für die Frage nach Gerechtigkeit von Bedeutung. Unser gegenwärtiges Verständnis von Gerechtigkeit verdankt sich freilich auch den philosophischen Diskursen, die seit der Antike bis in unsere Zeit über den Begriff der Gerechtigkeit geführt werden. Wie eng theologische und philosophische Gedankenwelten miteinander verbunden sind, ist bei der Frage nach Gerechtigkeit dann offensichtlich, wenn ein sorgfältiges Gespräch geführt wird. Gerechtigkeit verstehen bedeutet letztlich, dass Gerechtigkeit gelebt wird. So richtet sich der Blick bei der Frage nach Gerechtigkeit notwendig und ganz selbstverständlich auch auf die Praxis unseres sozialen und kirchlichen Lebens. Gerechtigkeit ist konkret und bestimmt unser Leben.

Dem so umschriebenen Leitthema »Gerechtigkeit verstehen« widmeten sich die Vorträge der 18. Jahrestagung der Rudolf-Bultmann-Gesellschaft für Hermeneutische Theologie e.V., deren Erträge durch den vorliegenden Sammelband dokumentiert werden. Im Bereich einer themenspezifischen Perspektive auf die jüdisch-christlichen Überlieferungen setzt sich Hermann Spieckermann (Göttingen) zunächst mit der Frage auseinander, in welcher Weise sich in den jüdischen Bibel-Reflexionen der Gott-Mensch-Relationen auch Diskurse über Gerechtigkeitsverständnisse widerspiegeln (»Gerechtigkeit zwischen Gott und Mensch«). Dabei werden v.a. die entsprechenden Facetten der jesajanischen Traditionsbildungen und des Psalters fokussiert. Eine besondere Aufmerksamkeit gilt der Frage, inwiefern sich hinter diesen Traditionen, die im Rahmen unterschiedlicher literarischer Zeugnisse überliefert wurden, Entwicklungen erkennen lassen, welche Zugangsperspektiven zu konkreten sozialgeschichtlichen Herausforderungen der Bevölkerung Israels bzw. zur Situation jüdischer Menschen im babylonischen Exil eröffnen.

Eine neutestamentliche Perspektive auf das Leitthema der Tagung entfaltet Christof Landmesser (Tübingen), indem er die Ambiguität und Ambivalenz der Vorstellung von Gerechtigkeit als eines zentralen Motivs der paulinischen und matthäischen Theologie herausarbeitet, und zwar speziell in Bezug auf das Verhältnis der Begriffe ›Gerechtigkeit‹ und ›Leben‹. Auf diese Weise werden die themenspezifischen Konzeptionen zweier Schulbildungen betrachtet, die nicht nur für das frühe Christentum, sondern auch für die weitere Reflexion christlicher Identitätsbildungsprozesse bis in die Gegenwart hinein von grundlegender Relevanz sind.

Während die beiden ersten Beiträge zentrale Diskurse zum Themenfeld ›Gerechtigkeit‹ aus dem Bereich der alttestamentlich-frühjüdischen und frühchristlichen Traditionsbildungen zur Geltung bringen, widmet sich die Islamwissenschaftlerin Angelika Neuwirth (Berlin) der dritten Größe der abrahamitischen Religionen. Unter dem Leitthema »Archäologie des islamischen Gerechtigkeitsbegriffs im Koran: Sprache und Schöpfungsordnung als Elemente einer koranischen Verzauberung der Welt« bringt Angelika Neuwirth zunächst zur Geltung, inwieweit an dem Motiv des ›Jüngsten Gerichts‹ signifikant wesentliche Aspekte des Verständnisses von Gerechtigkeit im Koran, aber auch in außerkoranischen Traditionen, zutage treten. Vor diesem Hintergrund wird eine Sure präziser analysiert, welche für das Themenfeld in besonderem Maße instruktiv ist, nämlich Sure 90 (»Die Stadt«), in welcher Neuwirth zufolge »eine Grundlegung [...] von Gerechtigkeit« (S. 78) entfaltet wird und an deren Rezeptionsgeschichte auch die Modifikationen unterschiedlicher sozialgeschichtlicher Kontexte abgelesen werden können. Besondere Beachtung gilt diesbezüglich auch den Erwägungen, inwiefern die skizzierten muslimischen Konzeptionen eine Affinität zu Gerechtigkeitsvorstellung aufweisen, die im vorhergehenden Beitrag von Christof Landmesser in Bezug auf die matthäische Theologie skizziert wurde (speziell zur Vorstellung eines universalen Gottesgerichts in Mt 25,31–46 vgl. S. 63f.).

Nach diesen religionshistorischen und theologischen Reflexionen eröffnet Rainer Marten (Freiburg) philosophische Perspektiven, die sich freilich auch einer Auseinandersetzung mit den bereits thematisierten Diskursen zu den matthäischen und paulinischen Verständnissen von Gerechtigkeit nicht entziehen (v.a. S. 91–93). Dabei wird auch ein Leitgedanke zur Diskussion gestellt, der als ein Verbindungsglied der thematisch aufeinander bezogenen Jahrestagungen der Rudolf-Bultmann-Gesellschaft für Hermeneutische Theologie verstanden werden kann, also der primär auf eine theoretische Reflexion ausgerichteten Tagung 2016 und der konkreten gesellschaftlichen Herausforderungen gewidmeten Tagung 2017: »Gerechtigkeit ist fraglich. Sie ist nichts, das es gibt, nichts, das besteht. Sie ist und bleibt ein Versuch.« (S. 100).

Es kommt nicht von ungefähr, dass auch der systematisch-theologische Beitrag von Tom Kleffmann (Kassel) wiederum die themenspezifisch relevanten Züge der paulinischen Theologie zur Sprache bringt. In einer ›systematischen Paulusstudie‹ wird analysiert, inwiefern im Spannungsfeld der paulinischen Bestimmung der Begriffe ›Gesetz‹, ›Leben‹ und ›Tod‹ die Frage nach dem Selbstverhältnis eines menschlichen Individuums in seiner Stellung gegenüber seinen Mitmenschen und gegenüber Gott zur Geltung gebracht wird. Kleffmann widmet sich in diesem Zusammenhang auch der Frage, welche Konsequenzen eine Entwicklung in der jüngeren Paulus-Forschung – nämlich die sogenannte ›New Perspective on Paul‹ – für zentrale Aspekte einer lutherisch-dogmatischen Applikation paulinischer Zeugnisse haben könnte.

Wie es auf den Jahrestagungen der Rudolf-Bultmann-Gesellschaft für Hermeneutische Theologie gute Tradition ist, so wurde auch in diesem Jahr ein Beitrag von einer Person geleistet, die sich nicht nur auf der Ebene einer wissenschaftlich-theoretischen Perspektive den Leitfragen widmet, sondern auch auf der Ebene einer kirchenleitenden Verantwortung. Frank Otfried July, der seit 2005 der Bischof der Evangelischen Landeskirche in Württemberg ist, befasste sich unter dem Leitthema »Zurückübersetzen in die volle ganze Lebendigkeit« mit der Frage, inwiefern diakonisches Handeln als Hermeneutik der Kirche verstanden werden kann. Den Rahmen der Veranstaltung würdigend brachte Bischof July dabei auch zur Geltung, in welcher Weise sich an der Person und dem Werk des Namenspatrons unserer Gesellschaft speziell in der Geschichte der Evangelischen Landeskirche in Württemberg Konflikte entzünden konnten. Es wird jedoch pointiert herausgearbeitet, warum bei allen Streitigkeiten auf einer theologischen Sachebene ein diakonisches Handeln kirchlicher Einrichtungen und eine am Ethos Jesu orientierte Streitkultur ein wesentliches Merkmal dessen sein muss, was ein christliches Verständnis von Gerechtigkeit ausmacht.

Wie bereits im Vorwort erläutert wurde, handelt es sich bei den skizzierten Beiträgen um den ersten Teil eines Gesamtkonzepts, welches auf zwei Jahrestagungen angelegt ist. Während die Jahrestagung 2016 unter dem Leitthema »Gerechtigkeit verstehen. Theologische, philosophische, hermeneutische Perspektiven« sich zunächst eher grundsätzlichen Überlegungen einer Auseinandersetzung mit diesem zentralen Begriff widmete, wird sich die Jahrestagung 2017 den konkreten gesellschaftlichen Aufgaben und Herausforderungen widmen, bei denen zu klären ist, wie Gerechtigkeit konkret gelebt und ermöglicht werden kann. Den Leserinnen und Lesern des vorliegenden Sammelbandes kann empfohlen werden, auch den im kommenden Jahr erscheinenden Sammelband zur 19. Jahrestagung der Rudolf-Bultmann-Gesellschaft für Hermeneutische Theologie e.V. zu beachten.

Christof Landmesser und Enno Edzard Popkes

Gerechtigkeit zwischen Gott und Mensch im Alten Testament

Psalter und Jesajabuch im theologischen Austausch

Hermann Spieckermann

1. Gerechtigkeit als Manifestation göttlichen Willens in der Welt

Die Vorstellung der Gerechtigkeit ist im Alten Orient längst ein beherrschendes Thema gewesen, ehe es Israel gab und erste Texte verfasst wurden, die den Grundstock des Alten Testaments gebildet haben. Gerechtigkeit wird nicht als erhabene Entität vorgestellt, die als Maßstab alle Gegebenheiten souverän bestimmt. *Fiat iustitia pereat mundus* wäre im Alten Orient keine Option des Denkens gewesen, weil Gerechtigkeit die schlechterdings notwendige mediale Größe zwischen göttlicher und weltlicher Sphäre zum Zwecke der Konstitution und Erhaltung der Welt ist. Ohne Gerechtigkeit ist Leben weder gesellschaftlich noch privat möglich. Ohne sie kann nichts gelingen. Wo sie besteht, wird die Welt bestehen und kann überhaupt nicht untergehen. Wo sie nicht besteht, ist die Welt – ob es bemerkt wird oder nicht – in der Gefahr, wieder zur Beute des Chaos zu werden. Gerechtigkeit ist die oder zumindest eine der konstitutiven Verbindungen zwischen Gott und Welt, welche in der Beziehung zwischen Gott und Mensch besondere Prägnanz gewinnt. Die Frage des Polytheismus und des Monotheismus stellt sich in dieser Hinsicht überhaupt nicht. Gerechtigkeit wird als Ordnung vorgestellt, die nach dem Willen und Wollen bestimmter Gottheiten um der Welt und des Menschen willen etabliert worden ist.[1] Götter sorgen für Herrschaft und Herr-

---

[1] Immer noch grundlegend HANS HEINRICH SCHMID, Gerechtigkeit als Weltordnung. Hintergrund und Geschichte des alttestamentlichen Gerechtigkeitsbegriffs, BHTh 40, Tübingen 1968; JAN ASSMANN/BERND JANOWSKI/MICHAEL WELKER (Hg.), Gerechtigkeit. Richten und Retten in der abendländischen Tradition und ihren altorientalischen Ursprüngen, München 1998; OTTO KAISER, Der Gott des Alten Testaments. Theologie des Alten Testaments Bd. 3: Jahwes Gerechtigkeit, UTB 2392, Göttingen 2003, 232–342;

scher, durch die gute Ordnung realisiert und bewahrt wird, nicht zuletzt durch Rechtsprechung, die immer mehr ist als die Applikation von Fallbeispielen, gesammelt in mündlicher Überlieferung oder in Rechtscodices. Vielmehr besteht der Anspruch, dass die Rechtsprechung der Wahrung der umfassenden Gerechtigkeitsordnung dienen muss. Dieser Anspruch ist keineswegs wohlfeiles Element der Königsideologie, vielmehr hat er sich in der Wahrung des Rechts der Schwachen, die selber nicht Macht und Mittel haben, für ihr Recht zu streiten, durch den König zu bewähren.[2]

Gottheiten als Stifter und Wahrer von Recht und Gerechtigkeit sind allenthalben in der Antike präsent und als entscheidender Faktor der Rechtspraxis ernst zu nehmen. Das gilt für den Vertragsabschluss im privatrechtlichen und staatlichen Bereich ebenso wie für den von der Gottheit ergehenden Orakelspruch, der Konsequenzen im Kult, in der Lebensführung und im politisch-militärischen Geschick eines Volkes nach sich ziehen kann. Es ist völlig unsachgemäß, die Sphären von Recht und Religion bzw. Theologie scheiden zu wollen. Es ist nicht ausgeschlossen, dass bestimmte Rechtspraktiken zuweilen erst nachträglich explizite theologische Begründungen erfahren haben. Aber Gerechtigkeit ist im Alten Vorderen Orient, in Kleinasien und in Ägypten auf vielfältige Weise in der Götterwelt spätestens seit dem 2. Jahrtausend fest verankert, so dass es an der göttlichen Bindung der Gerechtigkeit und folgeweise an ihrer Verbindlichkeit für die göttlich etablierte Herrschaft in den genannten Kulturkreisen keinen Zweifel gibt. Gerechtigkeit kann als eigene göttliche Entität,[3] aber auch als Zuständigkeit von Göttern begriffen werden, unter denen Sonnengottheiten zuweilen im Verein mit Orakelgottheiten eine gewisse Bevorzugung genießen.[4] Schaut man auf die syrisch-palästinische Landbrücke, dominieren dort auch in dieser Hinsicht die Wetter- und Vegeta-

---

REINHARD FELDMEIER/HERMANN SPIECKERMANN, Der Gott der Lebendigen. Eine biblische Gotteslehre, TOBITH 1, Tübingen 2011, 287–309.466–491; MARKUS WITTE/JENS SCHRÖTER, Gerechtigkeit als Thema biblischer Theologie, Öffentliche Vorlesungen der Humboldt-Universität zu Berlin Heft 164, Berlin 2011.

[2] Vgl. Jes 1,23; 10,1–2; 11,4; Jer 22,3; Am 4,1; 5,11; Ps 72,13; Prov 14,31; 28,15; 29,14.

[3] In Ugarit ist das personifizierte Paar *ṣdq mšr* ›Gerechtigkeit (und) Recht‹ bezeugt, RS 24.271,14 = KTU 1.123,14; vgl. DENNIS PARDEE, Ritual and Cult at Ugarit, WAWSBL 10, Atlanta, GA 2002, 151; siehe unten Anm. 7.

[4] Vgl. JAN ASSMANN, MA`AT. Gerechtigkeit und Unsterblichkeit im Alten Ägypten, München 1990; BRIGITTE GRONEBERG, Die Götter des Zweistromlandes. Kulte, Mythen, Epen, Düsseldorf/Zürich 2004, 212–223; VOLKERT HAAS, Geschichte der hethitischen Religion, HdO I/15, Leiden u.a. 1994, 377–381.

tionsgottheiten Baal, Hadad, Haddu und Adad.[5] Ihnen stehen andere Gottheiten bei der Wahrung der Gerechtigkeit zur Seite.[6]

Dabei ist die Hochschätzung der Gerechtigkeit keineswegs allein eine Angelegenheit professioneller Theologie, wie sie an Tempeln betrieben wird. Die Personennamen, die in den semitischen Sprachen seit dem 2. Jahrtausend belegt sind, bieten hinreichend Evidenz, dass Götter in Gestalt der Gerechtigkeit auf das Lebensgeschick eines Menschen entscheidend Einfluss nehmen. Nur so ist zu verstehen, wieso Gerechtigkeit und Rechtsspruch oder Orakelspruch einer Gottheit bei der Namengebung eines Kindes bedeutsam werden. Darin findet religiöse Erfahrung oder Erwartung der Eltern Ausdruck, die dem Kind den Dank oder die Bitte an eine Gottheit auf den Lebensweg mitgeben wollen. Einige Beispiele mögen verdeutlichen, wie verbreitet in dem genannten Kulturkreis die Praxis gewesen ist, die Gottesbeziehung eines Menschen durch Vorstellungen und Vorgänge aus dem Bereich der Gerechtigkeit zum Ausdruck zu bringen. Sie sind vielfach mit den beiden Wurzeln *š/ṯpṭ* und *ṣdq* gebildet,[7] die auch im Alten Testament für die Sprach- und Vorstellungswelt von Recht und Gerechtigkeit zentral sind:[8] *Šapaṭa-Ilu/a* ›(Der Gott) El hat

---

[5] Vgl. Wolfgang Herrmann, Art. Baal, in: DDD, 1999, 132–139; Jonas C. Greenfield, Art. Hadad, in: DDD, 1999, 377–382; Groneberg, Götter (s. Anm. 4), 232–239.

[6] In Ugarit ist es die Sonnengöttin Šapšu, die im Baal-Yamm-Mot-Zyklus hilft, Baal wieder aus dem Totenreich zu holen (vgl. KTU 1.6 IV–VI; Übersetzung und Kommentierung von Herbert Niehr in TUAT NF Bd. 8: Weisheitstexte, Mythen und Epen, Gütersloh/München 2015, 233–236). Ihre Macht über Licht und Leben reicht bis in die Todeswelt. Sie ist in Ugarit auch als *špš pgr* ›Šapšu des Leichnams‹ bezeugt, also als Psychopompos; vgl. Pardee, Ritual (s. Anm. 3), 19–21.67–69.

[7] Ausführlich zu *š/ṯpṭ* vgl. Herbert Niehr, Herrschen und Richten. Die Wurzel *špṭ* im Alten Orient und im Alten Testament, fzb 54, Würzburg 1986, zu *ṣdq* vgl. Joze Krašovec, La justice (ṣdq) de Dieu dans la Bible Hébraïque et L'interprétation Juive et Chrétienne, OBO 76, Freiburg (Schweiz)/Göttingen 1988; vgl. ferner Klaus Koch, Art. *ṣdq*, THAT Bd. II, 1976, 507–530; Gerhard Liedke, Art. *špṭ*, THAT Bd. II, 1976, 999–1009; Helmer Ringgren/B. Johnson, Art. *ṣāḏaq*, ThWAT Bd. VI, 1989, 898–924; Herbert Niehr, Art. *šāpaṭ*, ThWAT Bd. VIII, 1995, 408–428; im Akkadischen ist das Verb *dânu* samt Derivaten von Bedeutung, vgl. CAD D, 100–103; Knut Leonard Tallqvist, Assyrian Personal Names, ASSF XLIII,1, Helsingfors 1914, 279 s.v. *dānu, dajānu, dī/ēnu, dītu*; 287 s.v. *yšr*; 288 s.v. *kānu, kēnu, kunnū, kittu*. Im Akkadischen ist ferner das Paar *kittu (u) mīšaru* gut bezeugt, sowohl als Götterpaar als auch einzeln in Personennamen; vgl. CAD K, 470–471; CAD M/II, 116–119. Sowohl diese Gestalten divinisierter Gerechtigkeit als auch der Gott *Dajānu* begegnen häufig im Umfeld des Sonnengottes Šamaš und der mit ihm verbundenen Orakelpraxis.

[8] Zu Dokumentation und Analyse der Personennamen vgl. Martin Noth, Die israelitischen Personennamen im Rahmen der gemeinsemitischen Namengebung, BWANT 46, Stuttgart 1928; Herbert B. Huffmon, Amorite Personal Names in the Mari Texts. A Structural and Lexical Study, Baltimore, MD 1965; Frauke Gröndahl, Die Personennamen der Texte aus Ugarit, Studia Pohl 1, Rom 1967; Johann Jakob Stamm, Beiträge

Recht verschafft‹[9], *Šipṭi-Adad* ›Rechtsspruch (des Wettergottes) Adad‹[10], *Ṯpṭb'l* = *Ṯapaṭa Ba'lu* ›Baal hat Recht verschafft‹[11], *Špṭb'l* = *Šipit(ti) Ba'li/Ba'al* ›Rechtsspruch/Orakelspruch des Baal‹ oder *Šapaṭa-Ba'lu/Ba'al* ›Baal hat Recht verschafft‹[12], *Jĕhôšāpāṭ/Jôšāpāṭ* ›Jahu hat Recht verschafft‹[13], *'Ĕlîšāpāṭ* ›Mein Gott hat Recht verschafft‹[14], *Yšpṭ* = *Yišpōṭ* ›(Die Gottheit) möge richten/Recht verschaffen‹[15], *Ṣādūqum/Ṣādôq* ›(Die Gottheit ist) gerecht‹[16], *Ṣdqšlm* = *Ṣidqu/i-šalimu* ›(Meine) Gerechtigkeit ist (die Gottheit) *Šalimu/Salem*‹[17], *B'lṣdq* = *Ba'lu-ṣidqu/ī* ›Baal ist (die Gottheit) Ṣidqu/(meine) Gerechtigkeit‹[18], *Ṣidqījāhû* ›Jahu ist (meine) Gerechtigkeit‹[19], *Malkî-ṣedeq* ›Mein König ist (die Gottheit) Ṣedeq/Gerechtigkeit‹[20].

Die Personennamen machen deutlich, dass das Handeln der Götter in beträchtlicher Breite mit der Vorstellung des Rechts und der Gerechtigkeit verbunden worden ist. Dabei geht es bei der Namengebung gewiss nicht primär

---

zur hebräischen und altorientalischen Namenkunde, zu seinem 70. Geburtstag herausgegeben von Ernst Jenni/Martin A. Klopfenstein, OBO 30, Freiburg (Schweiz)/Göttingen 1980; Ran Zadok, The Pre-Hellenistic Israelite Anthroponymy and Prosopography, OLA 28, Leuven 1988; Johannes Renz, Die Althebräischen Inschriften Bd. II, Teil 2: Zusammenfassende Erörterungen, Paläographie und Glossar, Handbuch der Althebräischen Epigraphik, herausgegeben von Ders./Wolfgang Röllig, Darmstadt 1995, 53–93.

[9] 18. Jh. v.Chr. Mari, vgl. Huffmon, Amorite Personal Names (s. Anm. 8), 268; Stamm, Namenkunde (s. Anm. 8), 472.

[10] 15. Jh. v.Chr. Alalaḫ, vgl. Stamm, ebd.

[11] 13. Jh. v.Chr. Ugarit, vgl. Gröndahl, Personennamen (s. Anm. 8), 199; Stamm, a.a.O., 171–177.

[12] Phönizischer Name von Königen von Byblos vom 10.–5. Jh. v.Chr., vgl. Herbert Donner/Wolfgang Röllig, Kanaanäische und aramäische Inschriften, Bd. I–III, Wiesbaden 1971–1976, Nr. 7 und 9; punisch *B'lyšpṭ*.

[13] Minister Salomos im 10. Jh. v.Chr., König von Juda im 9. Jh. v.Chr., vgl. Wilhelm Gesenius/Herbert Donner, Hebräisches und Aramäisches Handwörterbuch über das Alte Testament (HAHAT), Berlin/Heidelberg [18]2013, 449.

[14] Offizier der Athalja, vgl. 2Chr 23,1.

[15] 8. Jh. v.Chr. Arad, vgl. Renz, Inschriften (s. Anm. 8), 72; Zadok, Prosopography (s. Anm. 8), 282–283.

[16] 18. Jh. v.Chr., vgl. Huffmon, Amorite Personal Names (s. Anm. 8), 256–257.; 10. Jh. v.Chr., Zadok als Priester Davids, häufiger Name, vgl. Gesenius/ Donner, HAHAT (s. Anm. 13), 1101–1102.

[17] 13. Jh. v.Chr. Ugarit, vgl. Gröndahl, Personennamen (s. Anm. 8), 187–188.

[18] 13. Jh. v.Chr. Ugarit, vgl. ebd.

[19] Zedekia, letzter König von Juda, vgl. 2Kön 24,17–25,7; vgl. Gesenius/ Donner, HAHAT (s. Anm. 13), 1105.

[20] König von Salem (= Jerusalem) in Gen 14,18, Priester(könig) in Ps 110,4, hier kaum ohne Kenntnis von Gen 14,18 erwähnt. Beide Belege sind aller Wahrscheinlichkeit nach spätnachexilisch; vgl. a.a.O., 687.

um das Recht im forensischen Sinne, sondern umfassend um Konstitution, Bewahrung und Restitution guter Lebensordnung. Eltern geben ihrem Kind den Namen, dass eine Gottheit Recht verschafft habe, nicht aus dem Grund, weil ihnen durch einen Rechtsspruch Schadensersatz für einen zertrümmerten Krug mit kostbarem Öl zugesprochen worden ist. Vielmehr tun sie es, wenn die Frau nach Jahren sehnlicher Erwartung ein Kind gebiert oder nach dem Tod eines Kindes wieder ein Kind geboren hat, das ein Orakel der Gottheit verheißen haben mag und das nun als dessen Erfüllung dankbar empfangen wird. Das ist der Grund, das Kind ›Rechtsspruch des Baal‹ zu nennen. Das Kind kann auch den Namen ›Baal ist (meine) Gerechtigkeit‹ bekommen, weil die Geburt als gewährte Anteilgabe am gerechten Wesen der Gottheit gedeutet wird. Ob die Gottheit Baal oder Jhwh ist, macht in dieser religiösen Welt nicht prinzipiell, wohl aber individuell, den Unterschied aus. Es ist deutlich, dass die Vorstellung der Gerechtigkeit im Alten Orient von verschiedenen Religionen geteilt wird, ohne dass dies kontroverstheologische Debatten oder rivalisierende Besitzansprüche beflügelt hätte. Zum Streitfall wird Gerechtigkeit nicht zwischen den Göttern, sondern zwischen Gott und Mensch. Dieser Fall ist im Alten Testament reich dokumentiert, aber auch das Nachdenken darüber, welche Funktion der Gerechtigkeit theologisch zukommen kann, nachdem sie gerade im Gottesvolk so gründlich missachtet worden ist.

Im Folgenden sollen zum Thema zentrale Beobachtungen im Jesajabuch und im Psalter zur Darstellung kommen. Diese Bücher sind ausgewählt worden, weil beide reichlich mit der Vorstellung der Gerechtigkeit befasst sind und beide theologisches Nachdenken ungefähr über ein halbes Jahrtausend hin dokumentieren. Hört man in das Gespräch, das diese beiden biblischen Bücher nebeneinander, manchmal auch miteinander führen, hinein, darf man mit Grund die Hoffnung hegen, für das Verstehen der Gerechtigkeit im ganzen Alten Testament Entscheidendes zu gewinnen.

2. Recht und Gerechtigkeit veruntreut und verraten: Gerichtsprophetie bei Protojesaja

Schriftprophetie ist im Alten Testament dominant Gerichtsprophetie gegen das eigene Volk und auch gegen die Völker. Umkehrruf und Heilsprophetie können sich mit dieser Gerichtsprophetie verbinden. Es geschieht aufs Ganze gesehen eher als ein theologischer Anreicherungsprozess, der die Erfahrung des Gerichts voraussetzt. Die Rekonstruktion hofprophetischer Unheilsprophetie gegen Nachbarvölker mit impliziter Stützung der Herrschaft im eigenen Land als Beginn der Schriftprophetie ist sehr hypothetisch und gegenüber der Dominanz der Gerichtsprophetie in den Büchern der Schriftprophetie allemal marginal. Im Protojesajabuch (1–39) hat man es bereits mit einer langen Geschichte literarischen Wachstums zu tun, welche vom letzten Drittel des 8. Jh.s v.Chr. bis zu protoapokalyptischen Texten wahrscheinlich aus dem 4. Jh. v.Chr. reicht. Recht und Gerechtigkeit und in deren Nähe gehörende Vorstellungen sind in der Prophetie nicht omnipräsent, wohl aber so positioniert, dass sie als entscheidendes Indiz für die Lebendigkeit wie für die Störung des Gottesverhältnisses gelten. Die Wahl von Recht und Gerechtigkeit mag auf weisheitliche Wurzeln zurückgehen. Jedenfalls haben Weisheit und Prophetie diese Vorstellungen auch in andere Literaturbereiche des Alten Testaments hineingetragen.[21]

Aus den prophetischen Worten des Protojesajabuches sei auf wenige prominente Beispiele hingewiesen, deren Verortung im letzten Drittel des 8. Jh.s v.Chr. keineswegs ausgeschlossen ist. Das Wort gegen Jerusalem in Jes 1,21–23 ist von schneidender Schärfe.[22]

21a Ach, wie ist zur Hure geworden
21b die treue (*ne'ĕmānâ*) Stadt!
21c Sie war voller Recht (*mišpāṭ*), Gerechtigkeit (*ṣedeq*) weilte darin,
21d jetzt aber Mörder.
[...]
23e Sie sprechen der Waise kein Recht (*lō' yišpōṭû*),
23f und die Rechtssache (*rîb*) der Witwe kommt nicht vor sie.
(Jes 1,21.23)

Stadt ist im Hebräischen feminin und Städte können deshalb als angesehene Frau personifiziert werden.[23] Als negatives Pendant wird die Metapher der

---

[21] Gen 18,19; 2Sam 8,15 par. 1Chr 18,14; 1Kön 3,6; 10,9 par. 2Chr 9,8; Jes 1,27; 5,16; 9,6; 28,17; 32,16f.; 48,1; 56,1; 58,1–7; 59,9.14; Jer 4,2; 9,23; 22,3.15; 23,5; 33,15; Ez 18; 33,10–20; 45,9; Am 5,7.24; 6,12; Sach 8,8; Ps 33,5; 40,11; 72,1; 89,15; 97,2; 99,4; 103,6; 119,142; Prov 8,20; 11,18; 16,8; 21,3.

[22] Zur Spannweite der Deutung vgl. JACQUES VERMEYLEN, Du prophète Isaïe à l'apocalyptique. Isaïe, I–XXXV, miroir d'un demi-millénnaire d'expérience religieuse en Israël, 2 Bde, EB, Paris 1977, 71–105; OTTO KAISER, Das Buch des Propheten Jesaja Kapitel 1–12, ATD 17, Göttingen [5]1981, 52–56; RUDOLF KILIAN, Jesaja 1–12, NEB, Würzburg 1986, 26–27; UWE BECKER, Jesaja – von der Botschaft zum Buch, FRLANT 178, Göttingen 1997, 192–199; HUGH G.M. WILLIAMSON, A Critical and Exegetical Commentary on Isaiah 1–12. Vol. 1: Commentary on Isaiah 1–5, ICC, London/New York, NY 2006, 120–146.

[23] Die Beziehung zu einer bestimmten Gottheit ist im Alten Orient und im Alten Testament reichlich belegt; vgl. HERMANN SPIECKERMANN, Stadtgott und Gottesstadt. Beobachtungen im Alten Orient und im Alten Testament, in: Biblica 73 (1992), 1–31; HAAS, Geschichte (s. Anm. 4), 539–542; MARC WISCHNOWSKY, Tochter Zion. Aufnahme und

Hure gewählt, um den Wandel ins Bild zu setzen. Die Rede gerade von der treuen Stadt mag dem Gegensatz zur Hure geschuldet sein. Die Wortwahl könnte aber auch durch die Nähe der Vorstellung der Treue (*'ĕmet*) zur Gerechtigkeit (*ṣĕdāqâ*) bedingt sein (vgl. 1Kön 3,6; Jes 48,1; 59,14; Jer 4,2; Sach 8,8). Treue, Recht und Gerechtigkeit gehören in die Gottesnähe, deshalb auch in die Stadt, in der Gott gegenwärtig sein will oder nun nicht mehr gegenwärtig sein kann, weil sie zum Ort der Untreue und der Perversion des Rechts geworden ist. Wahrung wie Verwahrlosung des Rechts erweisen sich an der Geltung des Rechts der Schwachen. Hier werden dem altorientalischen Rechtsethos gemäß Waise und Witwe genannt. Die Geltung des Rechts an den Gliedern der Gesellschaft zu ermessen, deren Rechtsschutz am leichtesten zu missachten ist, hat Gewicht. In Gesellschaftsordnungen, in denen Macht und Recht nicht durch Gewaltenteilung getrennt sind, würde eine derartige Selbstbeschränkung der Macht durch das Recht kaum so deutlich artikuliert werden, wenn nicht die Beachtung des Rechts Sache der Götter oder des einen Gottes selbst wäre.

Dieser Zusammenhang wird durch das Weinberglied in Jes 5,1–7 bestätigt.[24] Ist Jes 1,21–23 gegen die Regierenden gerichtet, wendet sich Jes 5,1–7 gegen die Judäer und Jerusalemer insgesamt. Weil bei der Gerechtigkeit Gott im Spiel ist, werden »Delikte« justitiabel, die sich der forensisch exakten Bestimmung entziehen. In Jes 5,1–7 geht es um die von den Judäern und Jerusalemern verachtete Liebe Gottes, was sich in nicht näher bestimmten Untaten Ausdruck verschafft, welche in Juda und Jerusalem verübt worden sein müssen. Das Lied, welches der Prophet über den Weinberg seines Freundes und dessen hingebungsvolle Fürsorge anstimmt, ist vollkommen transparent auf Jhwhs Liebe zu seinem Volk und seiner Stadt. Die der Liebeslyrik entlehnte Metapher des Weinbergs lässt in dieser Hinsicht keinem Zweifel Raum. Nicht von ungefähr schlägt die eingangs gewählte Camouflage, die die Selbstverurteilung des Volkes herbeiführen soll, in die direkte Rede dessen um (5,3–6), der immer noch liebt und deshalb nicht an sich halten kann, sondern die enttäuschte Hoffnung in eine geschliffene Zeile fasst:

7c Er hoffte auf Recht (*mišpāṭ*), aber siehe: (Blut-)Vergießen (*miśpāḥ*),

7d auf Gerechtigkeit (*ṣĕdāqâ*), aber siehe: (Not-)Schrei (*ṣĕʿāqâ*).

(Jes 5,7)

Überwindung der Stadtklage in den Prophetenschriften des Alten Testaments, WMANT 89, Neukirchen-Vluyn 2001, 13–45.

[24] Die Spannweite der Auslegung ist wiederum erheblich; vgl. Vermeylen, Isaïe (s. Anm. 22), 159–168; Kaiser, Jesaja Kapitel 1–12 (s. Anm. 22), 96–100; Kilian, Jesaja 1–12 (s. Anm. 22), 39–42; Becker, Jesaja (s. Anm. 22), 127–134; Williamson, Commentary on Isaiah 1–5 (s. Anm. 22), 316–344.

Es gibt hier kein Interesse, die vorgeworfenen Vergehen zu identifizieren. Nicht soll der Hinweis gegeben werden, dass diese oder jene Verletzung geltenden Rechts unter den Judäern und Jerusalemern auch die Verachtung der Liebe Jhwhs implizieren kann. Das gefällte Urteil bietet für solche Abwägungen keinen Platz. Es hält radikal fest: Wo Gottes durch Recht und Gerechtigkeit etablierte Wohlordnung lieblos missachtet wird, lässt sich dies nicht allein an diesem oder jenem Delikt nachweisen. Vielmehr werden dadurch Recht und Gerechtigkeit als Gottes gute Gaben vollständig pervertiert. Wollte man die Wandlung von *mišpāṭ* ›Recht‹ in *miśpāḥ* ›(Blut-)Vergießen‹ und von *ṣĕdāqâ* ›Gerechtigkeit‹ in *ṣĕʿāqâ* ›(Not-)Schrei‹ allein als pointiert eingesetztes Sprachspiel deuten, wäre der Sinn nicht annähernd erfasst. Es handelt sich um den sprachlichen Erweis der *more theologico* realen Perversion von Recht und Gerechtigkeit, die den liebenden Gott zum richtenden Gott macht. Es ist kein Gericht anstelle der Liebe, sondern ein Gericht aus Liebe, weil Jhwh seine Liebe nicht aufgibt, sondern um sie eifert und deshalb Hoffnung stiftet auf eine neue davidische Herrschaft und die Restitution von Recht und Gerechtigkeit.

6a Der Größe der Herrschaft und dem Frieden (*šālôm*) wird kein Ende sein
6b auf dem Thron Davids und über seine Königsherrschaft hin,
6c um ihr Bestand zu verleihen und sie zu stützen
6d durch Recht und Gerechtigkeit von nun an bis in Ewigkeit.
6e Der Eifer von Jhwh Zebaoth wird dies vollbringen.
(Jes 9,6)

Wahrscheinlich ist die Anknüpfung an die Daviddynastie und die damit verbundene (gott)königliche Gerechtigkeitstheologie in Jes 9,6 der Versuch, der in Jes 9,1–5 vorangehenden Verheißung der Geburt des Kindes mit den gottköniglichen Namen eine Dimension zu geben, die diese Hoffnung anschaulich macht. Genau dies wird nötig sein in einer Zeit, in der Gottes angedrohtes Gericht zur Tat geworden ist.[25]

[25] Zu dieser Deutung vgl. Feldmeier/Spieckermann, Gott der Lebendigen (s. Anm. 1), 59–60; vgl. ferner die unterschiedlichen Deutungen von Hermann Barth, Die Jesaja-Worte in der Josiazeit. Israel und Assur als Thema einer produktiven Neuinterpretation der Jesajaüberlieferung, WMANT 48, Neukirchen-Vluyn 1977, 141–177; Wolfgang Werner, Eschatologische Texte in Jesaja 1–39. Messias, Heiliger Rest, Völker, fzb 46, Würzburg ^{2}1986, 75–88; Konrad Schmid, Prophetische Heils- und Herrschererwartungen, SBS 194, Stuttgart 2005, 55–74; Anja Klein, Schriftauslegung im Ezechielbuch. Redaktionsgeschichtliche Untersuchungen zu Ez 34–39, BZAW 391, Berlin/New York 2008, 245–251.

3. Recht nach meiner Gerechtigkeit – Lob nach seiner Gerechtigkeit

Mehr oder weniger in zeitlicher Parallelität zur Gerichtsprophetie kennen Texte des Psalters den Streit um die Gerechtigkeit zwischen Gott und Mensch in veränderter Konstellation. In den Gebeten geht es um keine andere Gerechtigkeit als in der Prophetie. Wird jedoch in der Gerichtsprophetie die politisch öffentliche Dimension der Gerechtigkeit mit ihren sozialen und ethischen Implikationen ins Visier genommen, ist es im Gebet dominant die Dimension des persönlichen Gottesverhältnisses in der Anfechtung durch erfahrenes Leid. Diese Bedrohung und ihr schwer identifizierbarer Urheber – Verfolger und Frevler (Ps 7,3f.10a), oder der zürnende Gott selbst (7,12b) – werden zur Frage und Klage gegen Gott. Wieso lässt er dem Beter nicht die Gerechtigkeit widerfahren, die ihm nach eigenem Urteil gebührt? Psalm 7 ist im Kern von diesem Problem bestimmt, nicht als individuelle, sondern als exemplarische Anfechtung, die Ungezählten widerfahren ist und widerfährt und die deshalb von Ungezählten mit den Worten dieses Gebetes vor Gott gebracht werden kann.[26]

2a Jhwh, mein Gott, bei dir finde ich Zuflucht,
2b befreie mich von allen meinen Verfolgern und rette mich,
3a dass mich keiner wie ein Löwe zur Beute mache,
3b der reißt, und keiner ist da, der rettet.

4a Jhwh, mein Gott, wenn ich dies getan habe:
4b wenn Unrecht an meinen Händen ist,
5a wenn ich meinem Freund[27] Böses tat,
6a dann soll der Feind mich verfolgen und einholen,
6b mein Leben zu Boden treten

[26] Zur Auslegung vgl. Bernd Janowski, JHWH der Richter – ein rettender Gott. Psalm 7 und das Motiv des Gottesgerichts (1994), in: Ders., Die rettende Gerechtigkeit. Beiträge zur Theologie des Alten Testaments 2, Neukirchen-Vluyn 1999, 92–124; Fredrik Lindström, Suffering and Sin. Interpretations of Illness in the Individual Complaint Psalms, CBOTS 37, Stockholm 1994, 413–426. Der Psalm hat vor allem in 7,7a–9a eine größere Einschreibung erfahren, die Jhwhs Gericht über die Völker ergänzt (vgl. Ps 9,8–9; 96,13; 98,9).

[27] Wahrscheinlich ist *šĕlômî* statt *šôlĕmî* zu lesen. Es handelt sich um eine Breviloquenz für *'îš/'ĕnôš šālôm* ›Mann des Friedens, Friedfertiger‹ (Ps 37,37), aber auch ›Freund‹ (Jer 20,10; Ps 41,10; 55,21; 69,23).

6c und meine Ehre im Staub wohnen lassen.

[...]

9b Schaffe mir Recht (*šopṭēnî*), Jhwh, nach meiner Gerechtigkeit (*kĕṣidqî*),

9c nach meiner Lauterkeit/Ganzheit (*kĕtummî*) um mich her.

10a Ein Ende nehme die Bosheit der Frevler (*rĕšāʿîm*),

10b doch gib dem Gerechten (*ṣaddîq*) Bestand.

10c Der Herzen und Nieren prüft,

10d (er) ist ein gerechter Gott (*'ĕlōhîm ṣaddîq*).

11a Mein Schild ist Gott um mich her;[28]

11b ein Retter derer, die aufrichtigen Herzens (*yišrê lēb*) sind.

12a Gott ist ein gerechter Richter (*'ĕlōhîm šôpēṭ ṣaddîq*),

12b ein zürnender Gott jeden Tag. [...]

13b Schärft einer sein Schwert,

13c spannt einer seinen Bogen und zielt damit,

14a richtet er auf sich selbst die tödlichen Waffen,

14b macht seine Pfeile zu Brandgeschossen.

15a Siehe, empfängt einer Frevel,

15b wird er schwanger mit Untat und gebiert Lüge.

16a Gräbt einer eine Grube und hebt sie aus,

16b fällt er (selbst) in das Loch, das er gemacht.

17a Seine Untat kehrt auf sein Haupt zurück,

17b auf seinen Scheitel kommt seine Gewalttat herab.

18a Ich will Jhwh loben nach seiner Gerechtigkeit,

18b ich will den Namen Jhwhs, des Höchsten, besingen.

(Psalm 7,2–6.9–18)

Das Gebet beginnt mit der Bitte an Jhwh um Rettung aus der Macht der Repräsentanten der Feindwelt (7,2–3). Die implizit vorausgesetzte Rettungsgewissheit macht die Unklarheit des Grundes der Not noch bedrohlicher. Wie in einem Brennpunkt verdichtet sich das Problem als Strittigkeit der Gerechtigkeit zwischen Gott und Beter (7,9–18). Eingeleitet und bekräftigt in 7,4–6

[28] Hier dürfte die zwar nicht belegte Lesung *'ālay* ›um mich her‹ nach dem Vorbild in 7,9c zu restituieren sein.

durch ein Unschuldsbekenntnis mit hypothetischer Selbstverurteilung,[29] ist der Beter seiner Gerechtigkeit und Lauterkeit so gewiss, dass er Jhwh zum Urteil auffordert (7,9bc). Wie es ergehen soll, wird nicht konkretisiert. Von einem Gottesspruch[30] bis zu einer im Gebet gewonnenen neuen Einsicht wird im Sinne des vielfältigen Gebrauchs des Psalms bewusst nichts ausgeschlossen. Die gebrauchten Worte *ṣedeq* ›Gerechtigkeit‹ und *tōm* ›Lauterkeit, Ganzheit‹ für die Selbstbeurteilung des Beters reklamieren kaum gänzliche Untadeligkeit und Sündlosigkeit, wohl aber dominante Kongruenz mit dem Gotteswillen. Der Beter ist überzeugt, dass seine Lebensführung der von Gott gewährten Anteilgabe an seiner eigenen Gerechtigkeit gerecht wird. Dies spiegelt die gewählte Selbstbezeichnung als *ṣaddîq* ›Gerechter‹ in 7,10b wider. Jhwh soll in seinem Urteil dem Unterschied zwischen dem Beter und den *rĕšāʿîm* ›Frevlern‹ Rechnung tragen (7,10a) und bei seiner Verlässlichkeit gegenüber denen bleiben, die *yišrê lēb* ›aufrichtigen Herzens‹ sind (7,11b).

Wer dem gedanklichen Konnex von 7,9b–11b auf die Spur kommen will, muss mithören, wie stark nicht allein in den Wurzeln *ṣdq* ›gerecht sein‹ und *špṭ* ›richten, herrschen‹, sondern auch in den Wurzeln *yšr* ›geradsinnig, aufrichtig sein‹, *kwn* ›fest sein, Bestand haben‹, *šlm* ›ganz, heil sein‹ und *tmm* ›ganz, untadelig, lauter sein‹ der Bedeutungsaspekt der Gerechtigkeit präsent ist. Wenn Jhwh in Ps 72,1–3 aufgefordert wird, an den König *mišpāṭêkā* ›deine Rechtssatzungen/Urteile‹ und *ṣidqātĕkā* ›deine Gerechtigkeit‹ zu übergeben, sind diese Gaben die Voraussetzung, dass der König seinerseits ›dein Volk‹ *bĕṣedeq* ›durch Gerechtigkeit‹ und ›deine Elenden‹ *bĕmišpāṭ* ›durch Recht‹ regiert und dann sogar die Berge und Hügel *šālôm* ›Friede, Heil‹ und *ṣĕdāqâ* ›Gerechtigkeit‹ tragen. Hier werden Recht und Gerechtigkeit Gottes zu konstitutiven Gaben an den König, welcher sie in seinem Mittleramt an Volk und Welt weitergibt. Ähnliches geschieht durch *ṣedeq ûmišpāṭ* ›Gerechtigkeit und Recht‹ in Ps 89 und 97.[31] Das Paar ist *mākôn* ›Sockel‹ des Thrones Gottes (Ps 89,15; 97,2), ein Nomen, das im Plural auch die Grundfesten der Erde be-

[29] 7,5b unterbricht den syntaktischen Zusammenhang durch eine nachträgliche Verstärkung der Unschuld: ›Ich befreite (sogar) den, der mich grundlos bedrängt hat.‹

[30] Die Bitte um einen Gottesspruch unter Appell an die göttliche Gerechtigkeit ist in akkadischen rituellen Bittgebeten des Einzelnen gut bezeugt; vgl. Werner Mayer, Untersuchungen zur Formensprache der babylonischen »Gebetsbeschwörungen«, Studia Pohl: Series Maior 5, Rom 1976, 221–225.

[31] Vergleichbar dem im Ugaritischen divinisierten Paar *ṣdq mšr* = *Ṣidqu Mī/ēšaru* ›Gerechtigkeit (und) Recht‹; vgl. Gregorio del Olmo Lete/Joaquín Sanmartín, A Dictionary of the Ugaritic Language in the Alphabetic Tradition, 2 Bde, HO I/67, Leiden/Boston ²2004, 593–594. Dort ist auch das hurritische Pendant *mšr škl* notiert. Zum akkadischen Pendant *kittu (u) mīšaru* s. Anm. 7. Dieses Paar kann in Gebetsbitten wie Schutzgenien und persönliche Gottheiten um Mittlerdienste bei den Hochgottheiten angerufen werden; vgl. Mayer, Formensprache (s. Anm. 30), 244–249.

zeichnen kann (Ps 104,5), wiederum eine Bildung der Wurzel *kwn*, die in Ps 7,10b im kausativen Stamm zur Aufforderung an Jhwh wird, dem Gerechten den ihm gebührenden Bestand zu geben (*kwn* Polel). Weltbestand und das Bestehen des Gerechten, Gerechtigkeit und der Zustand umfassender Integrität (Heil, Friede, Lauterkeit), Wohlordnung und Verlässlichkeit speisen ihre Vorstellungen im Psalter und in den Nachbarkulturen aus denselben Wurzeln. In Ps 89 hat die Gründung des Gottesthrones durch *ṣedeq ûmišpāṭ* ›Gerechtigkeit und Recht‹ zur Folge, dass das Volk ›im Lichte deines Angesichts‹ lebt und *bĕṣidqātĕkā* ›durch deine Gerechtigkeit‹ erhöht ist (89,16f.), in Ps 97, dass die Himmel *ṣidqô* ›seine Gerechtigkeit‹ kundtun, Zion und die Töchter Judas *lĕma'an mišpāṭêkā* ›ob deiner Rechtstaten/Urteile‹ jubeln und die *ṣaddîqîm* ›Gerechten‹ sich in Jhwh freuen dürfen (97,6.8.12).

Hat man dieses Umfeld der Vorstellung von Gerechtigkeit und Recht im Blick, gewinnt das den Beter von Ps 7 bedrängende Problem Kontur. Stiftet Jhwh seine Ordnung durch Gerechtigkeit und Recht der Welt und dem Menschen so umfassend ein, bedürfen die Störungen dieser Ordnung der Erklärung. Im Falle der Störung der Beziehung zwischen Gott und Mensch ist die Frage der *causa* besonders virulent, weil die Verursachung extern durch Verfolger und Frevler, aber auch intern durch die Schuld des Beters bedingt sein kann. Der Beter lebt in der Spannung zwischen Schöpfergabe der Gerechtigkeit und der dem Geschöpf unvermeidlichen Differenz zur Gerechtigkeit sowohl im erlittenen Handeln durch andere als auch in der ungenügenden selbsttätigen Entsprechung. Der Spannung der Differenzerfahrung auf Seiten des Beters zwischen Fremd- und Eigenverursachung entspricht die Spannung, inwieweit Jhwhs Gerechtigkeit allein zureichend göttliche Gabe oder nicht immer zugleich auch Aufgabe, geradezu Herausforderung Gottes ist.

Mit diesem Problem kämpft der Beter von Ps 7. Betend sucht er, die Spannung zwischen eigener und göttlicher Gerechtigkeit, zwischen eigener Rettungsbedürftigkeit und Verlässlichkeit der der Welt von Jhwh eingestifteten Gerechtigkeitsordnung zu ergründen. Er beginnt das Gebet mit der Bitte an Jhwh um Zuflucht und Rettung (7,2–3) und wechselt dann zur Unschuldsbekundung und hypothetischen Selbstverurteilung (7,4–6), woran in der Grundfassung des Psalms die Bitte um Jhwhs Urteil ›nach meiner Gerechtigkeit‹ nahtlos anschließt (7,9bc). Das Urteil kann bei einem gerechten Gott nur in der Vernichtung der Frevler und der Anerkennung des Gerechten bestehen (7,10). Dass diesem Gedanken ein Vertrauensbekenntnis zu Gott als Schild und Retter folgt (7,11), steht zwar im Einklang mit der einleitenden Rettungsbitte (7,2–3), verhält sich jedoch nicht spannungsfrei zum Unschuldsbekenntnis (7,4–6) und zur Bitte um Jhwhs Urteil ›nach meiner Gerechtigkeit‹ (7,9bc). Gottes forensisches und soteriologisches Handeln werden vom Beter einander nahegebracht, ohne dass für beide Handlungsweisen Gottes ein gemeinsamer theologischer Nenner gefunden wird.

Der abschließende Teil 7,12–18 löst die Spannung nicht auf, doch gibt der Beter seinen Gedanken eine Wendung. Er nimmt Distanz zur Bitte um Jhwhs Urteil ›nach meiner Gerechtigkeit‹ (7,9b) und macht sich dadurch frei für Jhwhs Lob ›nach seiner Gerechtigkeit‹ (7,18a). Diese Wendung impliziert zugleich die Vorordnung des gerechten Gottes vor dem rettenden Gott. Der gerechte Gott (7,10d) ist der gerechte Richter (7,12a) und der zürnende Gott (7,12b), nicht mehr primär der Retter (7,11b). Jhwh erweist seine Einheit als gerechter Richter und als zürnender Gott in der Wahrung der der Welt eingestifteten Gerechtigkeitsordnung, die sich hier im verlässlichen Konnex von Untat und Selbstschädigung manifestiert (7,13b–17b), eine von Haus aus weisheitliche Vorstellung, die nun aber dezidiert unter Gottes richtendes und zugleich zürnendes Walten gestellt wird (7,12ab). Es ist dieses Handeln Gottes, das den Beter zum abschließenden Lobpreis Jhwhs ›nach seiner Gerechtigkeit‹ bestimmt (7,18). In der Wohlordnung der Gerechtigkeit und ihrer Wahrung durch den gerecht richtenden und darin zürnenden Gott weiß sich der Beter auch mit seiner Bitte um Gottes Urteil ›nach meiner Gerechtigkeit‹ aufgehoben. Ob der Beter von Ps 7 in die derart gedeutete Gerechtigkeitsordnung Jhwhs auch sein rettendes Handeln integriert sieht, ist ungewiss. Eher ist die Spannung augenfällig, in der der rettende und der gerecht und zugleich zürnend richtende Gott zueinander stehen. Ps 7, wohl noch ein spätvorexilischer Text, sucht Handlungsweisen Jhwhs, die in vorexilischen Gebeten eher getrennt als vereint bezeugt sind, zueinander in Beziehung zu setzen. Eine theologisch plausible Zusammenführung wird in Ps 7 wohl kaum erreicht, eher eine Dokumentation, wie wirkungsvoll die Vorstellung der Gerechtigkeit als göttlicher Wohlordnung in vorexilischer Zeit gewesen ist.[32]

4. Meine Gerechtigkeit – mein Heil

Beim Wechsel von Ps 7 in das deuterojesajanische Schrifttum, in diesem Fall besonders zu den Kapiteln ab Jes 45, gerät man in einen Textkomplex, der als ganzer die Zerstörung Jerusalems im Jahre 587/6, den Verlust von Tempel und Königtum sowie die Erfahrung von Deportation und Exil der Eliten voraussetzt. Nur diese unbestreitbare Voraussetzung ist hier wichtig, nicht die genaue Rekonstruktion des kompositorisch komplexen deuterojesajanischen Ensembles, welches in vielen Stadien bis in die spätpersische Zeit hinein und durch die Fusion mit Protojesaja zum Großjesajabuch gewachsen ist.[33] Die

[32] Es verwundert nicht, dass Ps 7 in Ps 35 noch einmal indirekt kommentiert und theologisch neu akzentuiert worden ist.

[33] Die Erforschung des Werdens des Jesajabuches ist in vollem Gang; zum gegenwärtigen Stand vgl. Karl Elliger, Deuterojesaja (Jesaja 40,1–45,7), BK XI/1, Neukirchen-

Vorstellung der Gerechtigkeit ist in dem ganzen Textkomplex zentral. Beispielhaft soll an Jes 51,1–8 gezeigt werden, wie sich die Wahrnehmung der Gerechtigkeit gegenüber Ps 7 geändert hat und in welchem Kontext nun um sie gerungen wird.

1a Hört auf mich, die ihr der Gerechtigkeit (*ṣedeq*) nachspürt,
1b die ihr Jhwh sucht!
1c Blickt hin auf den Felsen, aus dem ihr gehauen,
1d und auf den Brunnenschacht, aus dem ihr gegraben seid!
2a Blickt hin auf Abraham, euren Vater,
2b und auf Sara, die euch geboren hat!
2c Denn es war einer, den ich gerufen habe,
2d und ich segnete ihn und machte ihn zahlreich.
3a Denn (hiermit) hat Jhwh Zion getröstet,
3b getröstet all ihre Trümmerstätten,
3c und hat ihre Wüste wie Eden gemacht
3d und ihre Steppe wie den Garten Jhwhs.
3e Frohlocken und Freude findet sich in ihr (Zion),
3d Dank und Lobgesang.

4a Merkt auf mich, mein Volk,
4b und meine Nation, hört auf mich!
4c Denn Weisung (*tôrâ*) geht von mir aus,
4d und ich mache im Nu mein Recht (*mišpāṭî*) zum Licht der Völker.
5a Nahe ist meine Gerechtigkeit (*ṣidqî*),

Vluyn (1970–1978) 1978; Hans-Jürgen Hermisson, Deuterojesaja (Jesaja 45,8–49,13), BK XI/2, Neukirchen-Vluyn (1987–2003) 2003; Ders., Deuterojesaja Bd. 3, Neukirchen-Vluyn 2007–2015 (bis Jes 54,17); Pierre E. Bonnard, Le second Isaïe. Son disciple et leurs éditeurs Isaïe 40–66, EB, Paris 1972; Vermeylen, Isaïe (s. Anm. 22); Reinhard G. Kratz, Kyros im Deuterojasaja-Buch. Redaktionsgeschichtliche Untersuchungen zu Entstehung und Theologie von Jes 40–55, FAT 1, Tübingen 1991; Odil H. Steck, Studien zu Tritojesaja, BZAW 203, Berlin/New York 1991; Ders., Gottesknecht und Zion. Gesammelte Aufsätze zu Deuterojesaja, FAT 4, Tübingen 1992; Ulrich Berges, Das Buch Jesaja. Komposition und Endgestalt, HBS 16, Freiburg u.a. 1998.

5b mein Heil (*yiš'î*) geht hinaus, [...][34]
5d Auf mich hoffen die Inseln,
5e und auf meinen Arm warten sie.
6a Erhebt zum Himmel eure Augen
6b und blickt auf die Erde unten!
6c Denn die Himmel werden wie Rauch zerfetzt werden,
6d und die Erde wird zerfallen wie ein Kleid. [...][35]
6f Aber mein Heil (*yĕšû'ātî*) wird auf ewig bestehen,
6g und meine Gerechtigkeit (*ṣidqātî*) nicht zerschlagen werden.

7a Hört auf mich, die ihr die Gerechtigkeit (*ṣedeq*) kennt,
7b du Volk, in dessen Herzen meine Weisung (*tôrātî*) ist!
7c Fürchtet nicht die Schmähung der Menschen
7d und erschreckt nicht vor ihren Hohnreden!
8a Denn wie ein Kleid wird die Motte sie verzehren
8b und wie Wolle die Schabe sie zerfressen.
8c Aber meine Gerechtigkeit (*ṣidqātî*) wird auf ewig bestehen
8d und mein Heil (*yĕšû'ātî*) von Geschlecht zu Geschlecht.

(Jes 51,1–8)

Eine Prophetenstimme – im Kontext des Buches natürlich die Stimme des Jesaja, die Gottes ewig gültiges Wort kündet – ruft wie in Jes 40,1–8. In Jes 51 sind es die Exilierten, die zum Hören und zur Änderung der Blickrichtung aufgefordert werden.[36] Der dreimalige Höraufruf (51,1a.4a.7a) gliedert den Text. Mit dem ersten Höraufruf werden die angesprochen, die der Gerechtigkeit nachspüren, hier identifiziert mit denjenigen, die Jhwh suchen (51,1ab). Es geht nun nicht um die Strittigkeit der Gerechtigkeit zwischen Gott und Mensch, sondern allein um Gottes Gerechtigkeit. Ihr nachzuforschen ist iden-

[34] 51,5c ›und meine Arme werden die Völker richten (*yišpōṭû*)‹ ist erkennbar ein Nachtrag, der den Völkern das Gericht nicht ersparen will. Er könnte von derselben Hand wie die Fortschreibung in 51,7f. stammen.

[35] 51,6e ist leicht als Nachtrag erkennbar, der die Bewohner der Erde explizit in die Vergänglichkeit einbeziehen will.

[36] Zur Interpretation vgl. Bonnard, Le second Isaïe (s. Anm. 33), 238–263; Steck, Gottesknecht (s. Anm. 33), 73–91; Burkhard M. Zapf, Jesaja 40–55, NEB, Würzburg 2001, 312–314; Hermisson, Deuterojesaja, Bd. 3 (s. Anm. 33), 151–195; Ulrich Berges, Jesaja 49–54, HThKAT, Freiburg u.a. 2015, 113–137.

tisch mit der Suche nach Jhwh selbst. Diejenigen, die dies tun, sind Frau Zion und ihre Söhne und Töchter in der Fremde, die sich trotz aller guten Worte fragen, ob Jhwhs Macht ausreicht, Rettung aus der Not des Exils bewirken zu können (50,1–2). Neben Frau Zion ist es im vorausgehenden Kontext die Gestalt des leidenden Knechtes, der auf Jhwhs Hilfe vertraut (50,7.9). Jhwh gilt ihm sogar als derjenige, der ihn gerecht macht (*ṣdq* Hiphil, 50,8), doch die gegenwärtige Erfahrung ist allein durch Leiden bestimmt (50,5–6). Leidender Knecht und Frau Zion inkorporieren individuelles und kollektives Geschick.

In diese Spannung zwischen Mutlosigkeit und Hoffnung, die in Jes 50 bereits lange Erfahrung mit der Exilssituation voraussetzt, ergeht in Jes 51 die Aufforderung, bei der Gottessuche die Orientierung nicht zu verlieren. Diese ermöglichen Abraham und Sara. Beide fungieren hier als eine Art corporate personality des Volkes in der Ursprungssituation. Abraham und Sara hat Jhwh berufen und durch seinen Segen zu Vielen gemacht (51,1–2). Die gewählte Sprache gibt Vertrautheit mit Gen 12,1–3 und Gen 17 zu erkennen. Hier wie dort ist der Prozess im Gange, dass Erwartung des Endes der Exilssituation und bleibende Diasporaexistenz des Judentums einander durchdringen. Abraham und Sara stehen in Jes 51 dafür, dass Jhwh Zion getröstet und die geistliche Ödnis dem Garten Eden gleich gewandelt hat, wie es Jes 51,3 in einer Anspielung auf Gen 2 sagt und damit eine Prolepse wagt, die der erlittenen Gegenwart weit vorauseilt.[37]

Der erneute Höraufruf in Jes 51,4 richtet sich nun an das Volk, das Abraham und Sara verheißen worden ist. Dieses Volk lebt nicht im eigenen Land, sondern – man kann den Kontext gar nicht anders verstehen – unter den Völkern. Diese sehnen sich erfreulicherweise nach Jhwhs *tôrâ* ›Weisung‹ und nach seinem *mišpāṭ* ›Recht‹. Jhwhs Weisung und Recht sollen im Nu zum ›Licht der Völker‹ und damit zum Fluchtpunkt der Hoffnung aller Menschen weltweit werden. Darin, sagt Jhwh, ist *ṣidqî* ›meine Gerechtigkeit‹ nahe und geht *yišʿî* ›mein Heil/meine Rettung‹ in die Welt hinaus (51,4–5).

Wie Jhwhs Weisung und Recht im Nu zum Licht der Völker werden kann, leidet keinen Zweifel. Es geschieht durch ›mein Volk‹ (51,4), das Volk Abrahams und Saras, das wie die Erzeltern aus der Völkerwelt gekommen ist und nun wieder dort lebt, freilich nicht mehr in der Mutlosigkeit, sondern mit dem Auftrag, Licht der Völker zu sein, indem sie Jhwhs Tora und Recht unter die Völker tragen, und zwar in Konzentration darauf, was Jhwhs Tora und Recht wirklich sind: Jhwhs Gerechtigkeit als Rettung, eine Hoffnung nicht für die ferne Zukunft, sondern im Hier und Jetzt, nicht als punktuelle Tat, sondern

[37] Steck bewertet Jes 51,3 als eine Fortschreibung (vgl. a.a.O., 90–91). Das ist ganz unwahrscheinlich, weil 51,3 unverzichtbarer Bestandteil der Argumentation ist und die Beziehung zu den Zionstexten in Jes 49f. schafft, auf die Jes 51 eine Antwort geben will.

yĕšû'ātî ›mein Heil/meine Rettung‹ und *ṣidqātî* ›meine Gerechtigkeit‹ auf ewig, so dass Himmel und Erde demgegenüber als Exponenten der Vergänglichkeit erscheinen (51,6). Jhwhs Gerechtigkeit ist Heil und Rettung, nicht für das in der Zerstreuung lebende Israel allein, sondern durch Israel als Licht der Völker für alle Welt. Die Anspielungen in Jes 51,1–6 auf das erste und das zweite Gottesknechtslied Jes 42,1–7 und 49,1–6 sind unüberhörbar. Durch Jes 51,1–6 werden die beiden Texte zu Kronzeugen für Jhwhs weltumspannende, heilvolle Gerechtigkeit gemacht. Für das Gottesvolk in der Diaspora gibt es die Hoffnung auf Rückkehr nur in Verbindung mit dem Auftrag, die Hoffnung auf Jhwhs Heil auch zu den Völkern zu tragen, mehr noch: als Jhwhs Volk in der Spannung zwischen bleibender Diaspora und partieller Restitution im Land Licht für die Völker zu sein.

Dass kundige Leser vor dieser kühnen Hoffnung zurückgeschreckt sind, verwundert nicht. In Jes 51,7–8 meldet sich eine Stimme mit einem erneuten Höraufruf an die Kenner der Gerechtigkeit und damit allein an das Volk, das Jhwhs Tora im Herzen hat, also an einen eng gezogenen Kreis, zu Wort. Hier werden mit Bezug auf das dritte Gottesknechtslied (Jes 50,6.9) Leiden und Verfolgung des Tora-Volkes in den Vordergrund gestellt. Allein diesen Kennern von Gerechtigkeit und Tora gilt nunmehr die Verheißung heilvoller Gerechtigkeit auf ewig in 51,8cd, eine deutliche Korrektur der Vorlage in 51,6fg.

5. Die leidenden und die geretteten Gerechten

Auf dem Hintergrund des Diskurses über die Gerechtigkeit in Jes 51 gewinnt das Nachdenken nicht über die Gerechtigkeit, wohl aber über die Gerechten in Ps 37 besondere Prägnanz.[38] Gewiss würde es die Gerechten nicht ohne die Gerechtigkeit geben. Nicht nur die deuterojesajanischen Reflexionen sind hier von Bedeutung, sondern auch Ps 7 wird wieder präsent, freilich in veränderter Perspektive. Ps 37 hat im ersten Davidpsalter eine besondere Position und ist wie Jes 51 voller Rückbezüge auf vorhergehende Texte. Mag schon Ps 34 mit seinem Bezug auf Ps 1 ein nachexilischer Versuch sein, den ersten Davidpsalter zum Abschluss zu bringen, so ist dieser Versuch ein weiteres Mal durch Ps

[38] Zur Auslegung von Ps 37 vgl. Markus Witte, Von Ewigkeit zu Ewigkeit. Weisheit und Geschichte in den Psalmen, Neukirchen-Vluyn 2014, 39–65; Catherine Petrany, Pedagogy, Prayer and Praise. The Wisdom of the Psalms and Psalter, FAT II, Tübingen 2015, 137–155; zu 4QpPs37 und 45 = 4QpPs[a] = 4Q171 vgl. Maurya P. Horgan, Psalm Pesher 1, in: James H. Charlesworth (Hg.), Pesharim, Other Commentaries, and Related Documents, PTSDSSP 6B, Tübingen/Louisville, KY 2002, 6–23. Diese jüdische Auslegung ist erhellend für die Erwartungen, mit denen die Qumran-Gemeinschaft den Psalm gelesen hat; die Konzentration auf die eschatologische Perspektive hat vor allem im Schluss Ps 37,34–40 ihren Anhaltspunkt.

37 unternommen worden. Der Psalm macht aus seiner Nähe sowohl zu Ps 25 als auch zu Ps 34 keinen Hehl[39] und verbirgt auch nicht seine Herkunft aus weisheitlichem Gedankengut.[40] Ps 37 ist nicht im strikten Sinne ein Gebet. Nach Form und Inhalt ist Ps 37 Mahnung und Ermunterung eines Weisheitslehrers an die Verzagten, die unter vielen Namen vorkommen, vor allem als Gerechte. Der Weise will sie einladen, diesen Text als Gebet zu sprechen und dadurch Vertrauen auf Jhwh in der Anfechtung durch die Frevler zu gewinnen. Nur in diesem Zusammenhang ist in 37,6 einmal in dem Psalm von Gerechtigkeit die Rede, nämlich von deiner Gerechtigkeit (*ṣidqĕkā*) und deinem Recht (*mišpāṭĕkā*), nämlich von Gerechtigkeit und Recht des Beters. Beide wird Gott wie das Licht herausführen. Nicht die rettende Gerechtigkeit Gottes, die zum Licht der Völker werden soll (vgl. Jes 51,4–5), ist in Ps 37 das Thema, vielmehr – will man es in deuterojesajanischer Sprache sagen – die Gerechtmachung des Leidenden durch Gott (vgl. Jes 50,8–9), der sich Gerechter nennen darf, weil er sein Vertrauen und seine Hoffnung wider den Anschein ganz auf Gott wirft.

Die Hoffnung wird in der Metapher des Landes konkret. In Anknüpfung an Ps 25,13 und 34,17 wird das Land zum Heilsgut, welches nicht dem Volk, sondern dem Einzelnen zugesprochen wird.[41] Ihm wird verheißen, dass er das Land besitzen und bewohnen soll (37,3.9.22.27.29.34; vgl. 37,18), während die Frevler und ihre Gesinnungsgenossen ausgerottet werden (37,9.28.34.38;

---

[39] Wie Ps 25 und 34 ist Ps 37 ein Akrostichon, das letzte im ersten Davidpsalter. Im Unterschied zu Ps 25 und 34 ist Ps 37 ein vollständiges Akrostichon der erweiterten Form. Auf jede akrostichische Zeile folgt eine weitere, untergeordnete Zeile. Die Abweichungen von dieser Gestaltung sind in Ps 37 gering und bedürfen in diesem Zusammenhang keiner Erörterung.

Zudem sind die genannten Psalmen zusammen mit Ps 1–2 durch die abschließende Bezugnahme auf Jhwh als Zuflucht verbunden (vgl. 2,11; 25,20; 34,23; 37,40). Aus dieser Vorstellung ein redaktionelles Bindeglied zu machen, scheint durch Ps 25,20 und 34,9 angeregt worden zu sein. In 37,40, dem jüngsten Beleg, gehört die Formulierung ganz selbstverständlich zum Grundtext.

[40] Ps 37 variiert Sentenzen des Proverbienbuches. Dies ist der Fall in Ps 37,16 (vgl. Prov 15,16; 16,8) und in Ps 37,23a = Prov 20,24a; ferner besteht eine Affinität zwischen Ps 37,23b und Prov 16,9b; zur weisheitlichen Prägung von Ps 37 vgl. Hermann Spieckermann, What are Wisdom and Torah Doing in the Psalter? (erscheint 2017).

[41] Der Einzelne ist in eine Gemeinschaft hineingenommen, die nicht als Volk identifiziert wird; vielmehr werden dezidiert theologische Qualifikationen bevorzugt: Elende (37,11), Vollkommene (37,18), Gesegnete (37,22), Treue/Fromme (37,28), Gerechte (37,16.29.39). Die Fülle dieser (Selbst-)Bezeichnungen als Grundlage für die Identifizierung einer Gruppe zu nehmen, die in Ps 37 erkennbar werden will, dürfte schwierig sein. Dafür sind die Qualifikationen zu inhomogen. Freilich ist gut vorstellbar, dass Ps 37 später von Gruppen in Anspruch genommen worden ist, die ihre eigene Identität in diesem Text gespiegelt sehen.

vgl. 37,20.22). Das Land ist der Ort, wo gehütet wird, was ganz zu Gott gehört: *ṭôb* ›das Gute‹ und *'ĕmûnâ* ›die Treue‹ (37,3). Es ist zugleich der Ort, wo Jhwh auf ewig die behütet, die seine Nähe in Weisheit, Weisung und Recht suchen. Von dieser Dimension des ewigen Wohnens im Lande handelt der vorletzte Abschnitt des Psalms.

27a Lass ab vom Bösen und tue das Gute

27b so bleibe auf ewig wohnen.

28a Denn Jhwh liebt das Recht (*mišpāṭ*),

28b und er verlässt seine Treuen (*ḥăsîdîm*) nicht;

28c auf ewig sind sie behütet,

28d das Geschlecht der Frevler (*rĕšā'îm*) aber wird ausgerottet.

29a Die Gerechten (*ṣaddîqîm*) werden das Land besitzen

29b und bleiben für immer darin wohnen.

30a Der Mund des Gerechten (*ṣaddîq*) spricht Weisheit (*ḥokmâ*),

30b und seine Zunge lehrt das Recht (*mišpāṭ*).

31a Die Weisung (*tôrâ*) seines Gottes trägt er im Herzen,

31b und seine Schritte wanken nicht.

32a Der Frevler (*rāšā'*) lauert dem Gerechten (*ṣaddîq*) auf

32b und sucht ihn zu töten.

33a Jhwh lässt ihn nicht aus seiner Hand

33b und spricht ihn nicht schuldig (*rš'* Hiphil), wenn er gerichtet wird (*špṭ* Niphal).

(Ps 37,27–33)

Im Zentrum von 37,27–33 stehen *ḥokmâ* ›Weisheit‹ und *tôrâ* ›Weisung‹ als die Gaben Gottes, die Leben angesichts der tödlichen Bedrohung durch die Frevler gelingen lassen. Ist es in Ps 1,2 die *tôrâ*, über die der eine Glückselige nachsinnt (*hgh*), ist es in Ps 37,30 *ḥokmâ*, die aus dem Mund des *ṣaddîq* ›Gerechten‹ (37,30.32) hervorgeht (*hgh*, 37,30). Der Gerechte sagt und tut (37,30), was Jhwh liebt (37,28), nämlich *mišpāṭ* ›das Recht‹; er weiß durch das von Jhwh geliebte Recht das Gute vom Bösen zu unterscheiden (37,27), weil *mišpāṭ* nichts anderes als die vielfältige Konkretion der *tôrâ* ist. Sie ist beim Gerechten dort zu finden, wo Gott und Mensch sich nach weisheitlicher Einsicht am intensivsten begegnen: im Herzen (37,31). *Mišpāṭ* ist jedoch mehr als die Summe der Gebote der *tôrâ*. Als Gottes Recht ist es nicht nur Richtschnur für die Lebensführung des Gerechten. Vielmehr gilt es immer und weit darüber hinaus, also auch *bĕhiššāpĕṭô* ›bei seinem Gerichtetwerden‹, mit hoher Wahrscheinlichkeit Gottes Gericht im Eschaton (37,33b; vgl. 1,5). Der Formulierung ist eine gewisse Unbestimmtheit eigen. Man kann die passivische Formulierung (*špṭ* Niphal) eigentlich nur als *passivum divinum* deuten. Die vorausgehende Formulierung in 37,33a hält fest, dass Jhwh keinen Gerechten aus seiner Hand lässt. Diese Bekundung steht pointiert gegen die unmittelbar vorangehende Absicht des Frevlers (*rāšāʿ*), den Gerechten zu töten (37,32). Diese Absicht des Frevlers ist natürlich nicht allein als Straftat im juristischen Sinne gemeint, sondern im theologischen Sinne als Vereitelung des Lebens des Gerechten in der Gottesbeziehung, was aber Gott vereiteln wird (37,33a). Nimmt man alle diese Aussagen zusammen, wird deutlich, wie doppelsinnig *yaršîʿennû* in 37,33b auf diesem Hintergrund ist. Beide Übersetzungen sind möglich: Jhwh lässt entweder nicht zu, dass der Gerechte schuldig (gesprochen) wird im Gericht – doch wohl durch keinen anderen als durch den *rāšāʿ*; oder Jhwh selbst spricht ihn nicht schuldig im Gericht, was nach der vorhergehenden Aussage, dass Gott den Gerechten nicht aus seiner Hand lassen wird, eigentlich keiner Versicherung bedarf und in Spannung zu der immer wiederholten Verheißung steht, dass der Gerechte ewig im Land wohnen werde. Das doppeldeutige ›Gerichtetwerden‹ in 37,33 wird im Schlussteil des Psalms in 37,34–40 zu beidseitiger Eindeutigkeit gebracht.

34a Hoffe auf Jhwh

34b und halte dich an seinen Weg.

35a Er wird dich erhöhen, das Land zu besitzen.

35b Du wirst sehen, wie die Frevler (*rĕšāʿîm*) ausgerottet werden.

35c Ich sah den Frevler (*rāšāʿ*) voller Gewalt,

35d er spreizte sich wie ein verwurzelter Baum.

36a Er schwand dahin und war nicht mehr da;

36b ich suchte ihn, und er war nicht zu finden.

37a Halte dich an den Lauteren (*tām*) und schau auf den Aufrichtigen (*yāšār*),

37b denn Zukunft (*'aḥărît*) hat der Mensch des Heils/Friedens (*šālôm*).

38a Doch die Abtrünnigen (*pōšĕʿîm*) werden allesamt vertilgt,

38b die Zukunft der Frevler (*'aḥărîtrĕšāʿîm*) wird zunichte gemacht.

39a Die Rettung der Gerechten (*tĕšûʿat ṣaddîqîm*) kommt von Jhwh,

39b er ist ihre Feste in der Zeit der Not.

40a Jhwh hilft ihnen und rettet sie,[42]

[42] Ps 37,40b ›vor den Frevlern rettet er sie‹ ist eine Fortschreibung, die die im Text omnipräsenten Frevler vermisst hat. Ihre Erwähnung ist hier aber nicht mehr sinnvoll, weil über ihr Ende schon in 37,38b das Nötige gesagt worden ist.

40c und schenkt ihnen Heil, denn bei ihm finden sie Zuflucht.

(Ps 37,34–40)

Es gibt für Frevler und Gerechte jeweils eine *'ăḥārît* ›ein Ende‹ im Sinne einer endgültigen Scheidung. Die Frevler, auch *pōšĕ'îm* ›Abtrünnige‹ genannt (37,38a), haben ebenso wenig Bestand wie in Ps 1; ihre *'ăḥārît* ›ihr Ende‹ ist die Ausrottung. Sie wird mit drei passivischen Formulierungen gesagt (*krt* Niphal, 37,34d.38b; *šmd* Niphal, 37,38a). Wiederum legt es sich wie in 37,33b nahe, an das *passivum divinum* zu denken. Aber hier ist die Intention gerade nicht darin zu erkennen, dass Jhwh bei der Vernichtung der Frevler aktiv werden wird. Vielmehr soll er zu ihnen auf Distanz gehalten werden. Die Vernichtung der Frevler hat wie in Ps 1,5–6 und in Ps 7,10a.13–17 die von ihnen selbstgewählte ruinöse Eigenläufigkeit. Diese kann sich entfalten, weil sie sich von Jhwh bewusst losgesagt haben und sich folgeweise Jhwh an ihnen nur darin als Richter betätigt, dass er sie ihrer selbstgewählten Gottlosigkeit überlasst (vgl. 7,12 im Verhältnis zu 7,13–17).

Demgegenüber gibt es eine *'ăḥārît* ›ein Ende‹ bei Jhwh für den *'îš šālôm* ›den Menschen des Heils/des Friedens‹ (37,37). Dies ist die Charakterisierung, die bewusst für die leidenden und auf das ewige Wohnen im Land hoffenden Gerechten gewählt wird. Mit einer gewissen Wahrscheinlichkeit nimmt Ps 37 eine Vorstellung aus Ps 35 auf. Dort werden *rig'ê 'ereṣ* ›die Stillen des Landes‹, eine singuläre Bezeichnung, von denen bedroht, die keinen *šālôm* im Munde führen (35,20; vgl. 34,14–15; 37,27). Gegen sie antizipiert der Beter den Jubel derjenigen, die Gefallen haben an *ṣidqî* ›meiner Gerechtigkeit‹ und deshalb sagen: ›Groß ist Jhwh, der Gefallen hat am Heil (*šālôm*) seines Knechtes‹, welcher nun seinerseits bekundet, dass er allezeit *ṣidqĕkā* ›deine (also Jhwhs) Gerechtigkeit‹ preisen will (35,27–28). In Ps 35 ist verweigerter *šālôm* Bedrohung der ›Stillen des Landes‹, gewährter *šālôm* Jhwhs Gabe an die Bedrohten, die Stillen des Landes mit eigener Gerechtigkeit, die Gottes rettende Gerechtigkeit loben wollen.

Aus den bedrohten Stillen des Landes in Ps 35 sind in Ps 37 die leidenden Gerechten geworden, die auf das ewige Wohnen im Lande hoffen. Die leidenden Gerechten in Ps 37 können ihren Frieden nicht in einem Verhältnis zwischen eigener und Jhwhs Gerechtigkeit finden, sondern allein in *'aḥărît lĕ'îš šālôm* ›dem (von Gott gewährten) Ende für den Menschen des Heils/Friedens‹ (37,37). So unabdingbar in diesem Leben bewahrt werden muss (*šmr*, 37,37), was den Ehrennamen *'îš šālôm* für die leidenden Gerechten rechtfertigt, so rettungsbedürftig bleiben diese *bĕ'ēt ṣārâ* ›in der Zeit der Not‹ (37,39), in der sie leben. Das Rettungsvokabular dominiert die beiden Abschlusszeilen des Psalms. Als Erläuterung des Namens *'îš šālôm* machen die beiden letzten Zeilen von Ps 37 intensiven Gebrauch von explizitem Rettungsvokabular. Den nominalen soteriologischen Formulierungen in 37,39 folgen in 37,40 die verbalen Formulierungen im iterativen oder durativen Modus.[43] Die Rettung der Gerechten in diesem und zu jenem Leben unter der Metapher des ewigen Wohnens im Lande will Vertrauen und Hoffnung in der Zeit der Anfechtung und Not geben. Angesichts dieser Herausforderung bedarf Rettung des eschatologischen Horizonts und der neuen Sprache. Früher erprobte Konstellationen zwischen eigener und Jhwhs Gerechtigkeit werden nicht mehr als tragfähig erachtet. Die neue Sprache wagt mit dem Ehrennamen *'îš šālôm* für die leidenden Gerechten einen tastenden Versuch. Er könnte im Austausch mit sprachlichen Versuchen im wachsenden Jesajabuch stehen, Schuld und Leiden, Gerechtigkeit und Rettung neu zu sagen.

6. MEIN KNECHT UND DIE GERECHT GEMACHTEN VIELEN

Im gesamten deuterojesajanischen Schrifttum ab Jes 40 bis zum Abschluss des Großjesajabuches wird unter den Namen Jakob-Israel, Zion, Jerusalem und unter dem Titel Knecht über den Neuanfang nach der Katastrophe von 587/6 nachgedacht, ein Neuanfang, der zunächst seinen geschichtlichen Haftpunkt im Kommen des Kyros hat.[44] Dieser Einsatz ist freilich selbst bald Geschichte; er tritt in den Hintergrund und macht einer noch größer gewählten Dimension Raum: der Korrespondenz zwischen Gottes urzeitlichem und endzeitlichem Handeln. Die Frage, die die Texte immer weitertreibt, ist diejenige nach dem Willen und Plan Gottes von Anfang bis zum Ende. Sie ist identisch mit der Frage nach der Selbigkeit Gottes – nicht in einem abstrakten Sinn, sondern theologisch konkret in der Frage nach seiner Gerechtigkeit als seinem rettenden Handeln. In Jes 46,3–13 sagt der mütterlich konnotierte Gott der *šĕ'ērît* ›dem Rest‹ von Jakob-Israel zu, dass er ihn tragen (*sbl, nś'*), nämlich retten werde (*mlṭ* Piel, 46,3–4), Gott und keiner sonst (46,9), der von Anfang an

---

[43] Die Masoreten punktieren die beiden ersten Verbformen in 37,40, wie sie es auch sonst nicht selten im Psalter tun, als Narrative und apostrophieren damit Gottes Rettungshandeln in der Vergangenheit als Grund der Hoffnung für sein Handeln in Gegenwart und Zukunft. Aller Wahrscheinlichkeit nach sind alle Verbformen in 37,40 ursprünglich modale Imperfekte zur Artikulation der iterativen oder durativen Handlung gewesen.
In 37,40 wird *yĕpallĕṭēm mērĕšā'îm* ›und er wird sie vor den Frevlern retten‹ ein Nachtrag sein, der die Zufluchtsformulierung am Ende von 37,40 in dieselbe exponierte Position bringen soll, die sie in Ps 2,12 innehat. Wird sie in Ps 2 als Seligpreisung derjenigen formuliert, die bei Jhwh Zuflucht suchen, wird am Schluss des ersten Davidspsalters, als welcher Ps 37 einmal firmieren wollte, bestätigt, dass diejenigen, die Jhwh rettet, bei ihm Zuflucht gefunden haben.
[44] Vgl. KRATZ, Kyros (s. Anm. 33).

(*rē'šît*) das Ende (*'aḥărît*) gekündet hat und jeden Ratschluss (*'ēṣâ*) und Plan (*ḥēpeṣ*) ausführt (46,10). Dadurch bringt er seine Gerechtigkeit (*ṣĕdāqâ*), identisch mit seinem Heil und seiner Rettung (*tĕšû'â*), nahe, nämlich in Zion für Israel (46,13). Durch Jhwhs Knecht soll diese Kunde nach Jes 42,1–4 und 49,1–6 hinaus in die Welt als Licht für die Völker, denn sie ist Kunde von Gottes umfassendem Heilswillen, dem auch sein Recht (*mišpāṭ*) und seine Weisung (*tôrâ*) dienen (42,1.3.4; 49,4.6). Dieser Weitung der Kunde vom Heil – den Referenztexten des schon behandelten Textes Jes 51,1–6 – folgen Klagen der von Gott verlassenen und ihrer Kinder beraubten Frau Zion (Jes 49,14–21), aber auch die Gegenklage Gottes, der angesichts der Schuld niemanden gefunden hat (*'ên 'îš*), der, zur helfenden Tat bereit, geantwortet hätte (*'ên 'ôneh*, Jes 50,2).

Dann ist von dem Knecht in Jes 50,4–9 (mit Ergänzungen in 50,10–11) die Rede. Er ist gehorsam gegen Gott, bereit zum Leiden in der Bedrohung, kein leidender Gerechter wie in Ps 37, aber einer, der ganz auf den nahen, helfenden Jhwh setzt als *maṣdîqî* ›als einen, der mich gerecht macht‹, so dass kein selbsternannter *ba'al mišpāṭî* ›Herr meines Rechts‹ *yaršî'ênî* ›mich schuldig sprechen kann‹ (50,8–9; vgl. Ps 37,33). Liest man auf diesem Hintergrund den bereits ausgelegten Text Jes 51,1–6, hält Gott der klagenden Frau Zion und dem Knecht entgegen, dass er am Anfang auch nur Einen berufen hat, Abraham mit Sara, dass aber Gott aus dem Einen die Vielen gemacht hat (51,2). So wird Jhwh Frau Zion trösten (51,3) und ›mein Volk‹ nennen (51,16). Zwar hat die Stadt Jerusalem – keine andere als Frau Zion – aus Jhwhs Hand den Becher des Zorns empfangen (51,17–52,6). Keiner von all ihren Söhnen war da, um ihr beizustehen. Keiner konnte ihr beistehen, weil sie selbst Opfer der zwiefachen Verwüstung geworden sind. Dem Leiden durch die Peiniger, die über den Rücken von Zion-Jerusalem wie über eine Straße geschritten sind, gebietet Jhwh nun Einhalt, reicht den Zornesbecher weiter, macht Zion-Jerusalem zur heiligen Stadt (52,1) und lässt aller Welt Enden *yĕšû'at 'ĕlōhênû* ›Rettung/Heil unseres Gottes‹ sehen (52,10), identisch mit seinem *šālôm* ›Heil, Frieden‹ (52,7), mit seiner Rückkehr zum Zion (52,8), mit der Tröstung seines Volkes und der Erlösung Jerusalems (52,9).

Welche Aufgabe kommt dem Knecht des unmittelbar anschließenden vierten Gottesknechtsliedes in Jes 52,13–53,12 auf diesem Hintergrund zu?[45] In

---

[45] Zum vierten Gottesknechtslied vgl. Bonnard, Le second Isaïe (s. Anm. 33), 266–284; Bernd Janowski/Peter Stuhlmacher (Hg.), Der leidende Gottesknecht. Jesaja 53 und seine Wirkungsgeschichte, FAT 14, Tübingen 1996; Bernd Janowski, Stellvertretung. Alttestamentliche Studien zu einem theologischen Grundbegriff, SBS 165, Stuttgart 1997; Hermann Spieckermann, Konzeption und Vorgeschichte des Stellvertretungsgedankens im Alten Testament (1997), in: Ders., Gottes Liebe zu Israel. Studien zur Theologie des Alten Testaments, FAT 33, Tübingen 2001 und 2004, 141–153; Kristin

den ersten drei Liedern, die zusammen mit dem vierten nie eine ursprünglich selbständige literarische Einheit gebildet,[46] sondern immer zum wachsenden Bestand des deuterojesajanischen Korpus gehört haben, ist der Gottesknecht Jakob-Israel (40,27; 41,8; 43,1; 44,1–5.21–23; 45,4; 46,3; 48,1.12) allenthalben das leidende, trostbedürftige Israel im Exil, welches wie Zion (vgl. 46,13) und Jerusalem Jhwhs Liebeswahl ist und deshalb Vergebung, Erlösung und Heimkehr erfährt oder bald erwarten darf. Es ist unverkennbar, dass in diesem Kontext die beiden Gottesknechtslieder Jes 42,1–4 und 49,1–6 Ausgangspunkte für die Differenzierung der Knechtsgestalt gewesen sind, die sich in den evidenten Wachstumsspuren noch verfolgen lassen (42,5–9; 49,7–13). Hier gewinnt im Knecht das von Jhwh erwählte Israel Gestalt, das als ›Bund des Volkes‹ (49,8) einen Auftrag für Ganz-Israel und zugleich als ›Licht der Völker‹ (49,6) einen Auftrag für die ganze Welt hat. Beide Aufträge sind nie klar geschieden und verschmelzen in 42,6 sogar zu einem Auftrag. Es steht außer Frage, dass dieser Knecht – man könnte sagen: das wahre Israel – Jhwhs Recht, Gerechtigkeit und Weisung als Rettung in die Welt bringt. Aber dieser Knecht ist nicht die Lichtgestalt eines Kyros (41,1–4; 45,1–5.9–13; 46,9–11), auf den sich die Hoffnung der deuterojesajanischen Verkündigung zunächst richtet. Kyros wird nie Knecht genannt. Die Knechtsgestalt steht zu ihm im bewusst gesetzten Kontrast. Es ist eine leise (42,2–3) und zunehmend eine leidende Gestalt (49,4.7; 50,5–9), bei der sich die Frage stellt, wie sie zum ›Bund des Volkes‹ und ›Licht der Völker‹ werden und Jhwhs Recht, Gerechtigkeit und Weisung als Rettung in die Welt bringen kann.

Auf diese Frage will das vierte Gottesknechtslied in Jes 52,13–53–12 eine Antwort geben. Pointiert steht die Aussage in Form der Gottesrede am Anfang, dass das Tun dieses Knechtes gelingen und er ein von Gott Erhöhter und Getragener (*niśśā'*) sein wird (52,13), weil er selber ein Tragender ist (53,4.11–12). Das rettende Tragen hatte Gott in Jes 46,3–4 nachdrücklich als seine eigene Sache erklärt. Nun trägt nach dem Zeugnis einer Wir-Gruppe im Mittelteil des Liedes (53,1–11b) dieser Knecht nach Gottes Willen die Schuld anderer und löst damit die großen Hoffnungen ein, die das deuterojesajanische Schrifttum bis zu diesem Text füllen.

4a Wahrlich, unsere Krankheit – er hat (sie) getragen (*nāśā'*),

4b und unsere Leiden – er hat sie auf sich genommen (*sĕbālām*).

Joachimsen, Identities in Transition. The Pursuit of Isa. 52:13–53:12, VTS 142, Leiden/Boston 2011; Hermisson, Deuterojesaja, Bd. 3 (s. Anm. 33), 309–469; Berges, Jesaja 49–54 (s. Anm. 36), 208–278.335–377.

[46] Vgl. Tryggve N. D. Mettinger, A Farewell to the Servant Songs. A Critical Examination of an Exegetical Axiom, SM 1982–1983, Lund 1983; Frederik Poulsen, God, His Servant, and the Nations in Isaiah 42:1–9. Biblical Theological Reflections after Brevard S. Childs and Hans Hübner, FAT II/73, Tübingen 2014, 77–181.

4c Wir aber hielten ihn für einen Berührten (*nāgûa'*),

4d einen von Gott Geschlagenen (*mukkeh*) und Erniedrigten (*mĕ'unneh*).

5a Er aber war durchbohrt[47] wegen unseres Frevels,

5b zermalmt wegen unserer Sünden.

5c Die Züchtigung zu unserm Heil war auf ihm (*mûsar šĕlômēnû 'ālāyw*),

5d durch seine Verwundung sind wir geheilt (*nirpā'-lānû*).

6a Wir alle gingen in die Irre wie Schafe,

6b wir wandten uns – ein jeder hin zu seinem (eigenen) Weg.

6c Aber Jhwh hat ihn treffen lassen (*hipgîa' bô*)

6d die Schuld von uns allen.

(Jes 53,4–6)

Ist *šālôm* ›Heil‹ in Jes 52,7–10 identisch mit Gottes rettender Gerechtigkeit, wird *šālôm* im vierten Gottesknechtslied wie auch anderes, was eigentlich nur Gott tut, zur Charakterisierung des stellvertretenden Leidens des Knechtes gebraucht. Nach dem Zeugnis des vierten Liedes könnte man den Eindruck gewinnen, hier gebe es den *'îš šālôm* ›den Menschen des Heils‹, dem in Ps 37,37 eschatologische Rettung zugesagt wird. Der Unterschied ist jedoch nicht zu übersehen. Ist diese Bezeichnung in Ps 37 ein Ehrenname für die leidenden Gerechten, denen Jhwh seinen *šālôm* zuteil werden lässt, ist *šālôm* in Jes 53,5c das vom Knecht gewirkte Heil für die Wir-Gruppe, deren Schuld der schuldlose Knecht stellvertretend auf sich genommen und durch seinen Tod getilgt hat (53,9.12) – nach Jhwhs Willen, was zweimal ausdrücklich festgehalten wird (53,6cd.10). Der Knecht tut also etwas, was eigentlich nur Jhwh selbst tun kann. Nicht von ungefähr ist in den vorhergehenden deuterojesajanischen Texten *šālôm* mit der Rettung verbunden, die der zum Zion zurückkehrende Jhwh selber wirkt (52,7). Und das Tragen Israels im Sinne eines rettenden Tuns ist selbstverständlich Gottes Sache (46,3–4), ebenso das Heilen (57,18–19, verbunden mit *šālôm*). Was treibt das vierte Gottesknechtslied zu dem Gedanken stellvertretenden Leidens und Sterbens mit schuldtilgender Wirkung?

Die abschließende Gottesrede des vierten Liedes macht deutlich, dass die Vorstellung der Stellvertretung darauf zielt, das Leiden des Gerechten und die rettende Gerechtigkeit aufs engste miteinander zu verbinden.

---

[47] Das Verb ist für Jes 53,10 auch in 1QIsa[a] XLIV,17 bezeugt; anders 4QIsa[d] VIII, frg. 11 ii 19 (vgl. The Biblical Qumran Scrolls. Transcriptions and Textual Variants, ed. by EUGENE ULRICH, VTS 134, Leiden/Boston 2010, 435.535).

11c Ein Gerechter (*ṣaddîq*), mein Knecht (*ʿabdî*), wird die Vielen (*rabbîm*) gerecht machen (*yaṣdîq*),

11d ihre Sünden – er wird (sie) tragen (*hûʾ yisbōl*).

12a Darum werde ich ihm Anteil geben unter den Vielen,

12b mit Mächtigen wird er Beute teilen,

12c weil er sein Leben ausgeschüttet hat in den Tod (*heʿĕrâ lammāwet*)

12d und zu den Abtrünnigen (*pōšĕʿîm*) gezählt wurde.

12e Er aber hat die Schuld der Vielen getragen (*nāśāʾ*),

12f und für die Abtrünnigen wird er eintreten (*yapgîaʿ*).

(Jes 53,11c–12f)

Nur einmal wird in den vorhergehenden deuterojesajanischen Texten das Adjektiv *ṣaddîq* ›gerecht‹ mit theologischem Gewicht gebraucht. Es geschieht in einer Prädikation der Exklusivität Jhwhs, die ihr Zentrum in seiner Charakterisierung als *ʾēl ṣaddîq ûmôšîaʿ* ›gerechter Gott und Retter‹ hat (45,21). Und nur einmal wird vorher der kausative Stamm der Wurzel *ṣdq* gebraucht, nämlich in dem vom Knecht im dritten Lied bekundeten Vertrauen, dass der, der ihn gerecht macht (50,8), nahe ist – natürlich kein anderer als Jhwh. Auf seine Hilfe hofft er (50,7.9). Pointiert stellt die Gottesrede im vierten Lied beide genannten Gebrauchsweisen der Wurzel *ṣdq* an den Anfang (53,11c) und setzt ›mein Knecht‹ appositionell hinzu. Es ist das völlig Unerhörte, dass hier nicht Gott gerecht ist und gerecht macht, sondern der Knecht, stellvertretend für Gott. Gott selbst sagt dies mit Bedacht, weil es niemand sonst sagen könnte. Diese Gerechtigkeit des Knechtes ist jedoch keine rettende Gerechtigkeit. Das Rettungsvokabular – in den deuterojesajanischen Texten im Zusammenhang mit der Gerechtigkeit abundant bezeugt – fehlt in der Gottesrede. Das gerecht machende Tun des gerechten Knechtes ist stellvertretendes, effektives Tragen, Leiden und Sterben zur Tilgung der Schuld der Vielen, eine Tat, die Gott durch sein Ja zu diesem Tun allererst Rettung werden lässt. Das wird nicht explizit gesagt, ist aber der Grund dafür, dass hier die Gottesrede gebraucht wird. Gott sagt, dass das Urteil der Wir-Gruppe über das Tun des Knechtes zutrifft (53,4–6). Die wahrgenommene Übereinstimmung des Willens und Wirkens von Jhwh und Knecht (53,10ad) gründet in Gottes Initiative.

Die Tat des Knechtes ist eine einmalige Tat. Nachahmung ist ausgeschlossen. Dies geht aus den unterschiedlichen Zeitaspekten der Verben hervor. Der Aspekt der bleibenden Wirkung der Tat wird zu Beginn und am Ende mit Verben in der Präformativkonjugation zum Ausdruck gebracht, die man präsentisch oder futurisch übersetzen kann (53,11cd.12f). Die Wirkung ist bedingt durch die abgeschlossene Tat (53,12c). Gottes darüber gesprochenes Urteil (53,12d, *passivum divinum*) und die daraus folgende unwiderrufliche Wertung (53,12e) werden mit Verben in der Afformativkonjugation mitgeteilt, die eine präteritale Übersetzung erfordern. Abgeschlossen wird Gottes Rede, wie sie begonnen hat: mit der Affirmation der bleibenden Wirkung dieser Stellvertretung (53,12f).

Die stellvertretende Übernahme und Tilgung der Schuld durch den Knecht lädt nicht zur Suche einer historischen Begebenheit als Grundlage des Textes ein. Zwar legt der Bericht der Wir-Gruppe in Jes 53,1–11b diesen Gedanken nahe. Auch die Konstellation, dass hier Einer für die Vielen stellvertretend handelt, treibt die Suche an, wer dieser Eine sein könnte. Aber auch dieser Eine kann korporative Person gegenüber den Vielen sein. Was hier als Ereignis erzählt wird, mag sich zugetragen haben, kann aber auch antizipiertes Geschehen sein. In jedem Falle ist historisch nichts plausibel zu rekonstruieren möglich. Es spricht viel dafür, dass es auch im vierten Gottesknechtslied wie in allen deuterojesajanischen Texten um die antizipierte Rolle des wahren Israels als corporate personality für ganz Israel und für die Welt geht. Es ist exiliert, verlassen, leidend, schuldbewusst und ungetröstet, jetzt aber von Jhwh neu umworben, zunächst sichtbar im Siegeszug des Kyros (41,1–4; 44,28; 45,1–5), dann in Jhwhs Restitution seines Knechtes Israel/Jakob als Manifestation seiner rettenden Gerechtigkeit vor aller Welt (41,8–13; 42,1–4.6–8a; 45,8; 46,12; 52,7–10). Der Neuanfang steht unter dem Zeichen der von Jhwh angenommenen Ableistung doppelt empfangener Strafe (40,2).[48] Nun ist die Zeit von Jhwhs Wohlgefallen und Hilfe. Er tröstet das gestrafte Israel, indem er es zu *bĕrît 'ām* ›zum Bund des (ganzen) Volkes‹ macht: eine Rückkehr ins verwüstete Erbe unter Jhwhs eigener, wunderbarer Führung (49,8–13).

Dass für das deuterojesajanische Schrifttum die durch Kyros eingeleitete Wende die Initialzündung gewesen ist, leidet keinen Zweifel. Zweimal wird sein Name explizit genannt (44,28; 45,1). Mit dem politisch-militärischen Erfolg des Kyros werden *ṣedeq* ›Gerechtigkeit‹ und *šālôm* ›Heil, Frieden‹ zunächst verbunden (41,1–4; 45,13). Aber dieses geschichtliche Ereignis bestimmt nur einen überschaubaren Kern der deuterojesajanischen Texte. Sie denken schnell über Kyros hinaus. Die Texte in diesem Umfeld – in vielen Schüben bis zum Ende des Großjesajabuches und nicht nur bis zu dem in den Lehrbüchern völlig zu Unrecht dogmatisierten Einschnitt Jes 55 gewachsen – sind von theologischen Problemen getrieben, die Konflikte und Differenzen der nachexilischen Zeit widerspiegeln. Was hat sich tatsächlich gewendet? Was muss sich noch wenden? Steht nicht die große Wende überhaupt noch

---

[48] Semantisch und lexikalisch adäquat erfasst von Franz Zorell, Lexicon Hebraicum et Aramaicum Veteris Testamenti, Rom 1968, 786; die Trennung von *rṣh* (1) und *rṣh* (2) bei Ludwig Koehler/Walter Baumgartner/Johann Jakob Stamm, Hebräisches und Aramäisches Lexikon zum Alten Testament Lfg. IV, Leiden u.a. 1990, 1194–1195 und Gesenius/ Donner, HAHAT (s. Anm. 13), 1263–1264 ist im Hebräischen irreführend.

aus? Auf diesem Hintergrund ringen die Texte um das Verhältnis von Jhwh und Israel in ihrer spannungsvollen Beziehung zueinander und zur Welt. Hinzu kommt die Spannung von bleibender Diasporaexistenz und wachsender Bedeutung von Zion und Jerusalem, die nun heilige Stadt wird (48,2; 52,1), nachdem sie schon seit geraumer Zeit Zentrum des weltweiten Diasporajudentums ist. Man kann dies auch als Spannung zwischen der wachsenden Bedeutung des Zweiten Tempels, seiner führenden Priesterschaft mit der Konzentration auf Opfer und Sühne einerseits und andererseits der Bedeutung Israels als Volk und Knecht Gottes als ›Bund des Volkes‹ (49,8) und als ›Licht für die Völker‹ (49,6) formulieren. Die Spannung hat ihre Pole in Namen für Israel-Jakob gefunden, die gegensätzlicher nicht sein könnten: der erwählte (*bḥr*) Knecht (41,8–9; 42,1; 44,1–2) und *pōšēaʿ mibbeṭen* ›abtrünnig von Mutterleib an‹ (48,8; vgl. 48,1–11), letzterer nicht im Silber(schmelzofen) geläutert, sondern geprüft – bewusst *bḥr* anstelle von *bḥn* – ›im Schmelzofen des Elends‹ (48,10).

Diese Namen gewordene Polarisierung könnte kaum spannungsvoller gegeneinander stehen, als es in der Sequenz der Texteinheiten Jes 43,22–28 und 44,1–5 geschieht.[49] In 43,22–28 geht es zunächst um die Schuld von Jakob-Israel – bewusst nicht Knecht genannt – vom ersten Vater (Jakob) und den Mittlern an (43,27), eine Schuld, mit der Jakob-Israel Gott Mühe gemacht hat (*ʿbd* Hiphil und *ygʿ* Hiphil in 43,24 im Gegensatz zu 43,23), eine Schuld, die keiner tilgen kann als Gott allein *lĕmaʿănî* ›um meinetwillen‹ (43,25). Dieses prononciert gesetzte *lĕmaʿănî* unterstreicht die Ironie der folgenden Aufforderung an Jakob-Israel zum Prozess mit Jhwh, *lĕmāʿan tiṣdaq* ›damit du gerecht/im Recht bist‹ (43,26). Der abtrünnige Betrüger hat jedes Recht verwirkt. Dann folgt die Texteinheit 44,1–5, in der Jakob-Israel der erwählte Knecht ist, dessen Nachkommen Geistausgießung und Segen verheißen werden (44,3). Die Beziehung zu Jhwh wird so eng sein, dass die Namen Jakob, Israel und ›Jhwh zueigen‹ gegeneinander austauschbar sind (44,5). Diese Textsequenz drängt die Frage auf, ob nicht der Knecht Jakob-Israel für das abtrünnige Jakob-Israel eine Mittlerschaft übernehmen kann, die die Mittler (*mēlîṣ*)[50] einst verfehlt haben (*pšʿ*, 43,27). Diese gescheiterten Mittler können nur Aaron, Ahnherr des Opferkults am Tempel, und der fürbittende Mose sein (vgl. Num 20,12–13). Die Fürbitte ist längst an anderer Stelle schon disqualifiziert worden (Jer 7,16–20; 11,14; 14,10–15,2).[51] Und der Opferkult kann

[49] Zu wichtigen Einsichten in den größeren Textzusammenhang Jes 43,14–44,8 vgl. ULRICH BERGES, Jesaja 40–48, HThKAT, Freiburg u.a. 2008, 288–332.

[50] Dies ist wohl die einzig plausible Übersetzung; gegen GESENIUS/ DONNER, HAHAT (s. Anm. 13), 609.

[51] Grundlegend zu diesem Thema: ERIK AURELIUS, Der Fürbitter Israels. Eine Studie zum Mosebild im Alten Testament, CB OTS 27, Stockholm 1988. Es ist schwer zu ent-

keine schärfere Zurückweisung als in Jes 43,22–25 finden. Diese schroffe Ablehnung des Opfers zur Erlangung der Tilgung der Schuld in einer Gottesrede ist strikte Ablehnung dessen, was im Zentrum des priesterlichen Handelns am Zweiten Tempel steht.

In diese Konstellation spricht das vierte Gottesknechtslied in Jes 52,13–53,12 hinein. Es weiß um die Schuld des Vaters Jakob als Signum für das Volk und es weiß um den Knecht Jakob-Israel, Jhwhs Liebeswahl. Es weiß um den leidenden Knecht des dritten Liedes, der ganz auf Jhwhs Hilfe hofft, der ihn gerecht macht (50,7–9), und es weiß um den Vater Abraham, den Einen zusammen mit Sara, aus dem durch Gottes Segen die Vielen geworden sind und immer wieder werden sollen (51,2). Das vierte Lied lässt nicht Jhwh allein die Schuld tilgen, auch nicht Jhwh in Annahme des priesterlich vermittelten Opfers durch gewährte Sühne. Vielmehr wird die Schuld (weg)getragen durch die Tat des Knechtes (53,4–5), welche zugleich Jhwhs Tat ist. Jhwh lässt den leidenden Knecht (50,8) durch Leiden bis zum Tod Heil wirken (53,5.11), was vorher immer Jhwh selbst getan hat (46,3f.; 51,4–5) – und auch bald nach dem vierten Lied wieder allein tun wird. In diesem lässt Jhwh jedoch den Knecht ›unser aller Schuld‹ treffen (*pg'* Hiphil, Perfekt/Afformativkonjugation, 53,6), weshalb der Knecht durch seinen stellvertretenden Tod nicht nur die Schuld der Vielen in einer bestimmten Situation getragen hat (53,12e) und zu den Abtrünnigen, zu denen er nicht gehört, gerechnet worden ist (53,12d), sondern für die Abtrünnigen mit seiner einmaligen Tat weiterhin eintreten wird (53,12f *pg'* Hiphil, Imperfekt/Präformativkonjugation). Jhwh und der Knecht sind beide Subjekt von *pg'* Hiphil, weil beide in Willenseinheit handeln, einmal und zugleich ein für allemal. Der Knecht kann diese entscheidende Wende zur Tilgung der Schuld der Anderen nur realisieren, weil sein Verhältnis zu Jhwh genauso singulär ist wie seine Tat. Der Knecht stirbt den Tod, den nur ein Mensch sterben kann, aber eben nicht jeder Mensch, vielmehr nur dieser, mit dem Gott in unlöslicher Willenseinheit handelt. Gott ist in dem Handeln dieses Menschen so analogielos präsent, dass die Stellvertretung des Knechts Gottes Tat ist. Die Vorstellung der Menschwerdung Gottes scheint in der Wortwahl bewusst vermieden zu werden. Freilich lässt sich der Sache nach der Gedanke der Menschwerdung Gottes kaum schlüssig zurückweisen. Hier wird die Alternative zur Opfertheologie konsequent realisiert. Das Opfer tilgt Schuld immer neu, wenn Gott die sühnende Potenz des Blutes in der Annahme des Opfers, vermittelt durch den *rite* handelnden Priester, zur

scheiden, ob auch die strikte Ablehnung der Fürbitte in Ez 14,10–20 im Kontext der konsequenten Betonung der Eigenverantwortung (vgl. Ez 18; 33,10–20) bereits zu den Vorgaben der Stellvertretungstheologie des vierten Gottesknechtsliedes gehört. Für die oben entwickelte Argumentation hat diese Entscheidung keinen gewichtigen Stellenwert.

Sühne werden lässt. Das ist nicht die Vorstellung des vierten Liedes.[52] Hier hat der eine Knecht durch seinen Tod die Schuld der Vielen getilgt mit Wirkung für Vergangenheit, Gegenwart und Zukunft. Ein *mapgîa'* ›Stellvertretung Leistender‹, wie der Knecht des vierten Liedes in Jes 59,16 genannt wird, ist einer, der als Sündloser das Entscheidende für die *pōšĕ'îm* ›Abtrünnigen‹ tut (53,12f.). Er gehört nicht unter Gottes *mĕlîṣîm* ›Mittler‹, die selber abtrünnig (*pš'*) geworden sind (43,27; vgl. 48,8). Ein Mittler ist nicht sündlos und kann sich nicht selbst tödlich treffen lassen für die Schuld Anderer. Die Sündlosigkeit, nämlich sein Gerechtsein, kann nur Gott deklarieren und damit seine Stellvertretung, das Gerechtmachen der Vielen, nur er allein veranlassen und annehmen. Hier scheint eine neue Vorstellung der rettenden Gerechtigkeit Gottes auf, die über das, was für die deuterojesajanischen Texte typisch ist, konsequent und entschieden hinausgeht: Gottes gerecht machende Gerechtigkeit durch das Leiden und Sterben eines Gerechten, der in Einheit des Willens und der Tat mit Gott ist.

Die hier antizipierte Alternative hat entschiedenen Widerspruch ausgelöst. Auf das vierte Gottesknechtslied folgen Texte, die die proklamierte Stellvertretung des Knechts implizit oder explizit zurückweisen, sei es als Tat eines Individuums, sei es als Tat einer korporativen Person (vgl. Jes 54,1–10;[53] 57,17–19; 59,15b.20; 63,1–9). Das vierte Gottesknechtslied sprengt den Rah-

---

[52] In Jes 53,10bc ist wahrscheinlich nachträglich eine Deutung eingeschrieben worden, die vieldeutig ist, aber wohl am ehesten im Sinne der Opfertheologie verstanden werden kann. Die Fassung des Masoretischen Textes, die auch durch die Qumran-Texte bezeugt ist (1QIsa[a] XLIV,18; 1QIsa[b] XXIII,21; 1QIsa[d] VIII, frg. 11 ii, vgl. Ulrich [Hg.], Biblical Qumran Scrolls [s. Anm. 47], 435.532.535), lautet: ›Wenn du (Jhwh) sein Leben zur Schuldtilgung/zum Schuldopfer (*'āšām*) machst, wird er Nachkommenschaft sehen; er (Jhwh) wird die Tage (des Knechtes) lang machen.‹ Es ist der Versuch, mit *'āšām* ›Schuld, Schuldtilgung, Schuldopfer‹ den Terminus ins Spiel zu bringen, der in Jes 43,22–28 nicht als untauglich für die Schuldtilgung genannt worden ist. Es ist ein Terminus, der semantisch sowohl forensisch als auch kultisch gebraucht werden kann. Im Kontext von Jes 53 und auf dem Hintergrund von Jes 43,22–28 kann die Fortschreibung in 53,10bc nur als Versuch verstanden werden, die Stellvertretung durch den Knecht in die kultische Sühnetheologie einzuholen. Eine forensische Deutung von *'āšām* ist angesichts des Todes des Knechtes kaum plausibel. Die Verheißung für den Knecht in 53,10c ist eine Reformulierung der Verheißung in 53,11ab: ›Fern von der Mühsal seines Lebens wird er sehen, er wird satt werden, wenn er ihn erkennt‹, nämlich wenn der Knecht Jhwh erkennt, der dann in 53,11cd.12 selbst sein Wort über den Knecht spricht.

[53] Zu Jes 54,1–17 vgl. Berges, Jesaja 49–54 (s. Anm. 36), 279–333.378–387. Im Endtext ist die Parallelisierung von Jes 52,13–53,12 (vergangene Leiden und zukünftige Erhöhung des Knechts) und Jes 54,1–17 (vergangene Leiden und zukünftige Erhöhung Zions) durchaus sachgemäß. Die Spannung, in der beide Vorstellungen zueinander stehen, ist unübersehbar.

men, in dem Gerechtigkeit Gottes im wachsenden Jesajabuch gedacht zu werden vermag. Gleichwohl ist das vierte Gottesknechtslied im Jesajabuch bewahrt worden. Aber die folgenden Texte betonen mit kritischem Blick auf die effektive Stellvertretung des Knechts pointiert die exklusive Prärogative von Gott, wenn es um die Realisierung der Gerechtigkeit geht. Damit konvergiert eine Stimme aus dem Psalter, die gleich gehört werden soll.

Eine positive Rezeption hat das vierte Gottesknechtslied nur einmal – sehr spät und in spezifischer Umdeutung – erfahren. Es ist in Dan 12,3 der Fall, wo offensichtlich von den makkabäischen Märtyrern gesagt wird, dass sie die Vielen gerecht gemacht haben (*maṣdîqê hārabbîm*), indem sie diese zur Einsicht geführt haben (*maśkīlîm*), nämlich zum Widerstand gegen die Seleukiden und wohl auch darüber hinaus zur Bereitschaft, den Märtyrertod zu sterben. Die Nähe zum Stellvertretungsgedanken in Jes 53,11c ist gegeben, aber mehr auch nicht. Denn die Märtyrer machen Viele dadurch gerecht, dass sie selbst den Märtyrertod sterben, während der Gottesknecht für die Vielen durch seinen Tod Gerechtigkeit schafft. Nur das vierte Makkabäerbuch, das schon in Auseinandersetzung mit der christlichen Deutung des Todes Jesu als Stellvertretung zu stehen scheint, wagt vorsichtig an zwei Stellen, den Gedanken der reinigenden Wirkung des Märtyrertodes für das Volk Israel zu fassen (4Makk 6,27–29; 17,21–22).[54]

7. Mein Heil – deine Gerechtigkeit

Ps 51, der vierte Bußpsalm der christlichen Tradition, nimmt nicht erst in dieser Textzusammenstellung eine prominente Position ein,[55] sondern er hat sie bereits als programmatischer Einleitungstext des zweiten Davidpsalters inne (Ps 51–72), eine Bedeutung, die durch die Verbindung mit Davids Ehebruch und Veranlassung der Ermordung Urijas unterstrichen wird (51,2; vgl. 2Sam 11–12). Ps 51 will Schuld in ihrer abgründigen, zerstörerischen Dimension zum Thema machen.[56] Dies ist auf Seiten der Betenden nur möglich im Vertrauen darauf, dass Gott mit Grund um Vergebung angefleht werden kann. Allein die Gewissheit der Vergebungsbereitschaft Gottes – man beachte die

[54] Vgl. Hermann Spieckermann, Lebenskunst und Gotteslob in Israel. Anregungen aus Psalter und Weisheit für die Theologie, FAT 91, Tübingen 2014, 171–178.

[55] Zu Ps 51 hat Ps 143, der siebte Bußpsalm, die größte inhaltliche Nähe.

[56] Aus der Fülle der Literatur vgl. Heinrich Gross, Der Mensch als neues Geschöpf (Jer 31; Ez 36; Ps 51), in: Der Weg zum Menschen. Zur philosophischen und theologischen Anthropologie. Für Alfons Deissler, hg. von Lothar Ruppert/Rudolf Mosis, Freiburg 1989, 98–109; Feldmeier/Spieckermann, Gott der Lebendigen (s. Anm. 1), 212–225.295–298.363–365; Spieckermann, Lebenskunst (s. Anm. 54), 214–215.422–430.

prononcierte Betonung seiner Güte und seines Erbarmens[57] – macht den schonungslosen Blick des Beters auf sich selbst und seine Schuld möglich. Dementsprechend ist Ps 51 aufgebaut.

3a Sei mir gnädig, ›Jhwh‹[58], nach deiner Güte (*kĕḥasdekā*),

3b nach der Fülle deines Erbarmens (*kĕrōb raḥămêkā*) tilge meinen Frevel (*piš'î*).[59]

4a Wasche ganz von mir ab meine Schuld (*'ăwônî*),

4b von meiner Sünde (*ḥaṭṭā'tî*) mache mich rein (*ṭahărēnî*).

5a Denn meinen Frevel (*piš'î*) kenne ich,

5b meine Sünde (*ḥaṭṭā'tî*) ist mir allezeit bewusst.

6a An dir allein (*lĕkā lĕbaddĕkā*) habe ich gesündigt (*ḥāṭā'tî*),

6b das in deinen Augen Böse habe ich getan,

6c damit (*lĕma'an*) du gerecht bist (*tiṣdaq*) in deinem Reden (*bĕdobrekā*),

6d rein dastehst (*tizqeh*) in deinem Richten (*bĕšopṭĕkā*).

(Ps 51,3–6)

Der erbetenen Fülle göttlichen Erbarmens entspricht die Bitte, rein zu werden von aller Schuld, welche in 51,3–5 mit den drei Termini benannt wird, die dem Hebräischen für ihre Totalität zur Verfügung stehen. Dass hinter dieser Bitte das Wissen (*yd'*, 51,5) um die Macht der Schuld über den Menschen steht, ist daraus zu ersehen, dass der Beter seine Schuld allein in seinem Gottesverhältnis konzentriert sieht. Dies ist nicht im Sinne des Ausschlusses der zwischenmenschlichen Schuld zu verstehen. Vielmehr gibt es keine Schuld, gegen wen auch immer begangen, die nicht zerstörerische Kontamination des Gottesverhältnisses wäre. Allein im Verhältnis zu Gott entscheidet sich, welche Macht Schuld hat. Und diese Entscheidung fällt Gott, nicht der Mensch, der allerdings durch seine lebensgefährliche Kongenialität zur Schuld aller-

[57] Das Bikolon 51,3 ist chiastisch konstruiert. Mit Bedacht steht der Eingangsbitte ›Sei mir gnädig, ›Jhwh‹!‹ die Bitte am Ende ›Tilge meinen Frevel!‹ entgegen.

[58] Hier wie im Folgenden wird das Appellativum *'ĕlōhîm* ›Gott‹ durch das Tetragramm ersetzt, wie es sich an den meisten Stellen im elohistischen Psalter (Ps 42–83) mit hoher Wahrscheinlichkeit nahelegt.

[59] Der Masoretische Text punktiert hier wie in 51,5a den Plural *pĕšā'ā/ay*, während die Septuaginta in 50,3 ἀνόμημα und in 50,5 ἀνομία ›Gesetzlosigkeit‹ bietet. Die Übersetzer sind also davon ausgegangen, dass in ihrer hebräischen Vorlage der Singular *piš'î* gemeint ist. Der Konsonantentext erlaubt beide Vokalisierungen. Auch sachlich sind beide Optionen denkbar. Die Ursprünglichkeit des Singulars mag hier wegen der Apostrophierung des Machtcharakters der Sünde wahrscheinlicher sein. Die Pluralformen haben an späterer Stelle in 51,11 ihren Ort.

erst diese Entscheidung notwendig macht. Der Beter mit seiner das Gottesverhältnis ruinierenden Potenz wagt gegenüber Gott die kühne Bitte, Gott möge all sein Reden und Richten gemäß seiner Gerechtigkeit und Reinheit zum Zeugnis seiner Güte und seines Erbarmens werden lassen (51,6) und damit zur Tat seiner Vergebung machen. Es ist die unbeirrbare Zuversicht des Beters, dass es kein gegen Gott gerichtetes Unwesen und heilloses Handeln des Menschen gibt, das Gott nicht zum Erweis seines erbarmenden Wesens und vergebenden Handelns treibe. Das ist die Absicht der Zuspitzung der Sünde des Menschen allein gegen Gott, sein Erbarmen als Erweis seiner Gerechtigkeit zum Heil des Beters herauszufordern (51,6). Jede Deutung, die den finalen Sinn von 51,6cd zu umgehen sucht, bricht dem Psalm die theologische Spitze ab. Sie liegt darin, dass der Beter jeden Anspruch auf eigene Gerechtigkeit gegen Gott fahren lässt und ganz auf den Erweis der Gerechtigkeit Gottes in seinem Reden und Richten setzt. Dieser kühnen Hoffnung entspricht im Folgenden die Konkretion der erbetenen Vergebung.

12a Ein reines Herz (*lēb ṭāhôr*) erschaffe mir (*bĕrā'-lî*), ›Jhwh‹,

12b und einen beständigen Geist (*rûaḥ nākôn*) mache in mir neu (*ḥaddēš bĕqirbî*).

13a Verwirf mich nicht von deinem Angesicht,

13b und nimm deinen heiligen Geist (*rûaḥ qodšĕkā*) nicht von mir.

14a Bring mir zurück den Jubel deiner Hilfe (*śĕśôn yiš'ekā*),

14b und mit einem willigen Geist (*rûaḥ nĕdîbâ*) stütze mich.

15a Ich will die Abtrünnigen (*pōšĕ'îm*) deine Wege lehren,

15b dass die Sünder (*ḥaṭṭā'îm*) zu dir umkehren.

16a Rette mich vor Blut(schuld), ›Jhwh‹,[60] [...]

16b dass meine Zunge deine Gerechtigkeit (*ṣidqātĕkā*) rühme.

17a Herr, tue meine Lippen auf,

17b dass mein Mund dein Lob (*tĕhillātekā*) verkünde.

(Ps 51,12–17)

Der Bittende erwartet Gottes rettendes, vergebendes Handeln als Neuschöpfung. Dabei ist nicht die Vorstellung der Restitution eines prolapsarischen

[60] Die an das Tetragramm anschließende Apposition *'ĕlōhê tĕšû'ātî* ›Gott meines Heils‹ ist wahrscheinlich eine Hinzufügung, die den Parallelismus membrorum sprengt. Sie soll wohl die Sprache der Rettung in Ps 51 anreichern. Doch der Psalmdichter meidet eher die konventionelle Gebetssprache, weil er Gottes Vergebung neu zu Gehör bringen will.

Zustands leitend, sondern Gottes stets zu erbittendes Eintreten für die an die Macht der Schuld Verlorenen. Sie können dieser Todessphäre nur entkommen, wenn Gott durch seinen heiligen Geist immer wieder neu einen Geist gewährt, der Geist von seinem Geist ist, nicht als Besitz, sondern als Gabe. Sie wird nur dem Bittenden zuteil, der das Bitten als seine *ratio essendi coram Deo* erkannt hat. Durch Gottes Vergebung gerettetes Leben wird nur erfahren, wer darum aus Einsicht bittet und sich die Gabe geben lässt.

Es ist der Beschenkte, der das Wort von der Gerechtigkeit wieder in den Mund nimmt: als Versprechen, Gottes Gerechtigkeit, die identisch mit seiner gewährten Rettung ist, zu preisen (51,16). Selbst das Lobversprechen wird zur Bitte. Es ist darauf angewiesen, dass Gott selbst dem Geretteten die Lippen zum Lob öffnet (51,17).[61] Bittendes und durch Vergebung gerettetes Leben ist ausnahmslos Empfangen. Das ist Gottes stets neue erbarmungsvolle Tat, die geistvolle Neuschöpfung.

8. Fazit

Gerechtigkeit als zentrales theologisches Thema ist nicht im Alten Testament entdeckt worden. Gerechtigkeit gehört bereits im zweiten Jahrtausend v.Chr. in allen Kulturen des Vorderen Orients und in Ägypten zu den Vorstellungen, ohne die das Verhältnis der Gottheiten zur Welt und zu den Menschen nicht gesagt werden könnte. Gerechtigkeit nimmt eine zentrale Funktion sowohl in den offiziellen theologischen Entwürfen als auch in der privaten Frömmigkeit ein. Herrschaft in der Welt hat ihren Grund in göttlicher Gerechtigkeit und dient ihrer Bewahrung. Es gibt unter den altorientalischen Kulturen kaum eine andere Vorstellung mit vergleichbarer Konvertibilität, die das lebensförderliche Ordnungsgefüge auf institutioneller Ebene und im privaten Bereich so gut umfasst und in seinem Beziehungsreichtum plausibilisiert, wie es der Gerechtigkeit gelingt.

---

[61] Die Bitte um das Lob in Ps 51,17 ist mit hoher Wahrscheinlichkeit der Abschluss der Grundfassung des Psalms gewesen. In 51,18–19 schließt sich eine Opferkritik an, die mit der inhaltlichen Intention der Grundfassung in Einklang steht. Auch dort ist die Sprache des Kultes durchaus präsent, aber immer in Applikation auf das, was Gott unmittelbar, nicht durch den Kult vermittelt, am Beter tun möge. Damit konvergiert in 51,19 die vom Beter dargebrachte ›Zerschlagung‹ von Geist und Herz, um Gottes Neuschöpfung Raum zu schaffen. Der Gedanke kommt im Gebet eigentlich zu spät. Er ist wahrscheinlich durch Ps 34,19 angeregt worden. Und die in 51,20–21 anschließende Bitte für Zion und Jerusalem bringt den Psalm in die Nähe zu ähnlichen nachgetragenen, kollektivierenden Formulierungen, hier mit dem zuversichtlichen Ausgleich verbunden, dass der Kult am Zweiten Tempel gewiss Gottes Wohlgefallen finden wird.

Wechselt man aus dieser Vorstellungswelt ins Alte Testament, wird sofort deutlich, dass die umfassende Wertschätzung der Gerechtigkeit auch hier bekannt ist. Es ist das Königtum, dem die entscheidende Funktion für die Mittlerschaft göttlicher Wohlordnung zukommt. Im Unterschied zu den rezipierten Vorstellungselementen des Alten Orients fällt auf, dass bereits in vorexilischer Zeit die Bewahrung von Recht und Gerechtigkeit Gewicht auch in der Gerichtsprophetie hat. Dies lässt sich exemplarisch an Texten aus dem Protojesajabuch studieren. Dort nehmen Recht und Gerechtigkeit nicht die Funktion wahr, die Rechtscodices zu liefern, die im Streitfall die Einzelprüfung ermöglichen. Vielmehr dienen sie als umfassende Kategorien, die das grundsätzliche Urteil über Wahrung oder Verachtung von Gottes etablierter Wohlordnung durch die Menschen erlauben. In den genannten Texten aus dem Protojesajabuch ergeht das Urteil in aller Schärfe und ohne jede Differenzierung gegen Juda und Jerusalem. Erst auf dem Hintergrund des erlittenen Gerichts wird Hoffnung gewagt, die an die von Gott übertragene Verantwortung der davidischen Dynastie für Recht und Gerechtigkeit anknüpft.

In der theologischen Welt der Psalmen steht in vorexilischer Zeit ebenfalls die göttliche Wohlordnung der Verhältnisse durch die Mittlerschaft des Königs im Zentrum. Sie ermöglicht grundsätzlich jedem Menschen, sich selbst, sein eigenes Handeln und Ergehen in dieses lebensförderliche Gefüge einzuordnen. Gebete sind verständlicherweise zugleich der Ort, an dem die leidvollen Widerfahrnisse des Lebens und die erlittenen Störungen dieses Gefüges vor Gott gebracht werden. Das Vertrauen in Gottes Wohlordnung und die Bitte an ihn, aus der Not zu erretten, die individuell erlitten wird, können in Spannung geraten. So wird in Ps 7 das exemplarisch-individuelle Geschick zur Frage nach der Diskrepanz zwischen eigener und Gottes Gerechtigkeit. Es hat den Anschein, dass in vorexilischer Zeit diese Frage aufs Ganze gesehen von der Dominanz der Evidenz göttlicher Wohlordnung aufgefangen worden ist. Doch die Haarrisse des Gefüges von Gottes und meiner eigenen Gerechtigkeit, von meiner Rettungsbedürftigkeit und Gottes Eintreten für seine Wohlordnung sind in Ps 7 unübersehbar.

Tut man auf diesem Hintergrund den Schritt in das deuterojesajanische Schrifttum in einem Stadium, welches am ehesten im 5. Jahrhundert v.Chr. zu situieren ist, hat sich die Frage nach der Gerechtigkeit grundlegend verändert. In Jes 51 ist von meiner Gerechtigkeit keine Rede mehr, wohl aber davon, dass Gerechtigkeit Hoffnung und Ziel der wahren Gottessucher ist. Diese Gerechtigkeit ist Gottes Rettungstat an seinem zerstreuten Volk, dem wie Abraham und Sara der Neuanfang zugemutet wird. Dieser geschieht im Land und in der Welt. Ist die Tröstung von Zions Trümmern auch schon geschehen, wird Jhwh sein Wirken nicht auf Zion beschränken. Sein Recht und seine Gerechtigkeit werden als Tora im Nu zum Licht für die Völker und als Rettung zur Hoffnung für die ganze Welt werden. Der Augenblick der Rettung und die ewige Gerechtigkeit sollen weltweit Jhwhs eine Wirklichkeit werden. Diesem kühnen Weitblick stellen die Kenner der Gerechtigkeit mit der Tora im Herzen ihr besonderes Verhältnis zu Jhwh entgegen. Das Leiden in und an der Völkerwelt verschafft sich Gehör. Wenn Gott von sich sagt, dass meine Gerechtigkeit nichts anderes als mein Heil bedeutet, dann soll dies nicht die Nivellierung des Unterschieds zwischen Höhnenden und Verhöhnten implizieren. Hier werden Antworten erwartet, die Israels Sonderstellung Rechnung tragen – zumindest der Sonderstellung derjenigen, die sich für das wahre Israel halten.

Unter den Antwortversuchen im Psalter hat Ps 37 besonderes Gewicht. Der Text spricht bewusst nicht von der Gerechtigkeit Gottes und sehr bewusst von den Gerechten, welche die Leidenden sind, getrieben von den Frevlern, die jene bis in die letzte Not des Verlustes der Gottesbeziehung bringen. Diesen Gerechten will der Psalm Hoffnung machen. Es ist ihre Gerechtigkeit, die Jhwh wie das Licht herausführen wird. Seine rettende Gerechtigkeit als Licht für die Völker ist hier in weite Ferne gerückt. Nah und bedrückend ist das Leiden der Gerechten, die diesen Ehrennamen für sich in Anspruch nehmen dürfen, weil sie in der Not gemäß der Mahnung des Psalms ihre Hoffnung ganz auf Gott werfen. Diese Hoffnung gewinnt Gestalt in der Metapher vom Wohnen im Lande – ein Land ohne Grenzen in Zeit und Ewigkeit. Dieser eschatologische Topos hilft den leidenden Gerechten auszuharren. Doch auch das Ende der Frevler ist im Blick. Werden diese die ruinöse Eigendynamik des selbstgewählten Un-Wegs erleiden, dürfen die Gerechten auf eine endgültige Erhöhung unter dem Ehrennamen des *'îš šālôm* ›Menschen des Heils/Friedens‹ hoffen. Ps 37 sucht nach neuer Sprache und neuer Hoffnung für die Gerechten, die zwischen Gottvertrauen und Mutlosigkeit, zwischen Tora im Herzen und Anfechtung durch den (scheinbaren) Erfolg der Frevler hin- und hergerissen sind. Der Versuch von Ps 37 hat eine Affinität zu Versuchen, die im Jesajabuch unternommen worden sind.

In den deuterojesajanischen Texten sind diese Versuche vielfältig. Sie sind verbunden mit dem Knecht, in dem sich Jakob-Israel, das wahre Israel, leidend und hoffend inkorporiert. Dieser Knecht hat eine Aufgabe für Ganz-Israel und für die Welt. Parallel sucht Jhwh mit Zion-Jerusalem den Neuanfang. Wie und wodurch dieser schon geschehen ist oder noch geschehen wird, zieht sich wie ein roter Faden durch die vielen Texte, die im wachsenden Corpus zu diesem Problem immer neu Stellung nehmen. Bedrängend bleibt die Frage der Schuld. Auf dem Hintergrund scharfer Opferkritik und der Texte über den Knecht, bei dem das Leiden zunehmend Bedeutung gewinnt, wagt das vierte Gottesknechtslied in Jes 52,13–53,12 den kühnen Gedanken stellvertretender Übernahme der Schuld der Vielen durch den Knecht – einmal und zugleich ein für allemal, vollbracht in Willenseinheit mit Jhwh. Jhwh lässt den gerechten Knecht durch seine Lebenshingabe die Vielen, die nicht explizit auf Ganz-Israel begrenzt werden, gerecht machen. Der Knecht stirbt stellvertretend den Tod für die Schuldigen und handelt zugleich stellvertretend für Jhwh, der diese Tat will. Jhwh und Knecht handeln im Gegenüber und zugleich in Einheit des Willens. Beider Identität und Differenz ist gleichzeitig gegeben und sprachlich kaum angemessen zu erfassen. Jhwh ist in dem Knecht in einer Weise gegenwärtig, wie es kein anderer Text des Alten Testaments je gesagt hat und je wieder sagen wird. Hier bereitet es Schwierigkeiten, den Knecht, der als Einer den Vielen gegenübersteht und seinen Tod ein für allemal für die Vielen stirbt, als korporative Person zu verstehen. Das vierte Lied wagt sich in der Willenseinheit von Jhwh und Knecht, im Erwirken der Gerechtigkeit der Vielen durch den gerechten Einen in eine Dimension, wo der Gedanke der Menschwerdung Gottes im Knecht zum Greifen nahe ist. Doch dieser wird wahrscheinlich bewusst vermieden, weil er die Grenzen dessen sprengt, was von Jhwh gesagt werden kann. Die folgenden Texte im Jesajabuch bezeugen mit wünschenswerter Klarheit, dass das vierte Lied so deutlichen Widerspruch ausgelöst hat, dass seine Vorstellungen nicht weiter verfolgt worden sind. Angesichts der Schuld der Vielen kann kein Mensch, auch kein Knecht einzigartiger Gottesnähe, sondern nur Gott selbst Gerechtigkeit schaffen.

Ob Ps 51 das vierte Gottesknechtslied und den anschließenden Diskurs um die Geltung der Tat des Knechts kennt, ist ungewiss. Sollte es der Fall sein, steht der Psalmdichter auf der Seite derjenigen, die die Stellvertretung des Knechtes für die Schuld der Vielen nicht für den richtigen Weg halten, von Gottes Vergebung zu sprechen. Zwischen dem schuldigen Menschen und Gott gibt es außer Gott niemanden, der das zerstörte Verhältnis heilen könnte. Darüber gibt es in Ps 51 überhaupt keine Diskussion. Nur Gott allein kann und wird dies tun, wenn es von ihm erbeten wird. Denn Gott ist in seinem Wesen und Wirken durch nichts so bestimmt wie durch seine vergebungsbereite, erbarmungsvolle Liebe. Sie ermöglicht nicht allein den ungeschönten Blick auf die Schuldverfallenheit des Menschen, sondern sie lässt die Schuld geradezu als die Gelegenheit für Gott erscheinen, sich als der zu erweisen, der er ist. Gott wischt hier Schuld nicht mehr um seiner selbst willen weg (Jes 43,26; vgl. Dan 9,19), sondern er tut es, um dem Blick Raum zu geben, was Vergebung bedeutet: gewiss Beseitigung der Schuld, dies aber nicht allein als beseitigender, sondern als kreativer Akt, als Neuschöpfung. Die Wohlordnung der Schöpfung ist Gottes gute Tat des Anfangs und immer neue Tat erbarmungsvoller Liebe an den um Vergebung Bittenden. So erweist er seine Gerechtigkeit, die ihrerseits zum Gotteslob der von der Schuld Befreiten wird. Ps 51 macht Gottes entschuldende Gerechtigkeit zur zentralen Verhältnisbestimmung zwischen Gott und Mensch. Seine Gerechtigkeit lässt allein Gott den Gebenden und den Menschen allein den Bittenden und Empfangenden sein.

Ob die Schaffung der Gerechtigkeit in Ps 51 zu der die Vielen gerecht machenden Tat des gerechten Knechtes im vierten Gottesknechtslied nur als kontradiktorischer Gegensatz oder auch als theologisch konvergentes Handeln begriffen werden könnte, ist der Überlegung wert, denn der Schuld vergebende Charakter der Gerechtigkeit ist beide Male zentral. Wahrscheinlich ließe sich die Konvergenz denken, wenn zu denken gewagt würde, was das vierte Lied implizit nahelegt, aber offenkundig verweigert: den Gedanken der Menschwerdung Gottes. Der Text, der dies täte, ist in den autoritativen Schriften des hebräischen und hellenistischen Judentums nicht verfasst worden – wohl aber die Texte, ohne die das Widerfahrnis der Menschwerdung Gottes nie hätte verstanden werden können.

Gerechtigkeit und Leben

Ambiguität und Ambivalenz eines Grundbegriffs bei Matthäus und bei Paulus

Christof Landmesser

In den neutestamentlichen Texten können wir unterschiedliche Konzepte von *Gerechtigkeit* entdecken. Es ist *eine* Aufgabe der neutestamentlichen Wissenschaft, solche pluralen Entwürfe zu erschließen. In diesem Prozess werden wir mit den Phänomenen der *Ambiguität* und der *Ambivalenz* konfrontiert. Das kann irritieren, wenn wir statt Ambiguitäten *Eindeutigkeiten* erwarten. Die Frage nach *Gerechtigkeit* soll ja nicht abstrakt bleiben, sie soll vielmehr unsere Lebens*vollzüge* bestimmen. Ein Konzept der Gerechtigkeit - so zumindest ein möglicher Anspruch - bleibt gegenüber dem gelebten Leben niemals äußerlich. Eine Vereindeutigung einer sich aufdrängenden Ambiguität der Konzepte von Gerechtigkeit scheint deshalb wünschenswert zu sein. Wenn wir uns gleich den Texten des Matthäusevangeliums und der Paulusbriefe zuwenden, dann werden wir freilich zunächst mit einer Mehrdeutigkeit konfrontiert.

Ambiguität und *Ambivalenz* sind selbst keine eindeutigen Begriffe. Im Forschungskontext unseres Graduiertenkollegs *Ambiguität* an der Eberhard Karls Universität Tübingen verwenden wir den Begriff der Ambiguität im Sinne von *Doppeldeutigkeit* oder *Mehrdeutigkeit* in der Sprache und in sprachlicher Kommunikation, also in Texten, in Bildern und in Sprachhandlungen.[1] Ambiguität kann durch das Reden oder das Schreiben von Texten entstehen, sie kann also in der *Produktion* der Texte begründet sein. Die Ambiguität kann aber auch in der *Rezeption* von Texten ihren Ursprung haben, etwa in unserer Interpretation der neutestamentlichen Texte.[2] Im Prozess der versuchten Des-

---

[1] Zum Begriff der Ambiguität in einer interdisziplinären Perspektive vgl. SUSANNE WINKLER (Hg.), Ambiguity. Language and Communication, Berlin/München/Boston 2015.

[2] Allein die vielen Meter der Bibelkommentare legen eine große Vieldeutigkeit der neutestamentlichen Texte nahe. Kommentare werden üblicherweise zur Klärung, zur Vereindeutigung, zur Desambiguierung geschrieben. Zugleich dokumentieren und produzieren sie eine potentielle und tatsächliche Mehrdeutigkeit, ironischerweise – und auch ganz produktiv – gewissermaßen zum Zweck der *Desambiguierung*. Die beabsichtigte Desambiguierung schafft neue Interpretationskontexte, wodurch die

ambiguierung oder Vereindeutigung durch Interpretation entstehen wieder neue Ambiguitäten. Im Raum unserer Endlichkeit ist das unvermeidlich und auch produktiv, insofern neue Deutungsmöglichkeiten eröffnet werden. Die Frage ist immer, welche *Existenzmöglichkeiten* mit den erschlossenen Ambiguitäten verbunden sind oder verschlossen werden. Darauf werden wir am Ende unserer Überlegungen zurückkommen.

Ambiguität ist ein Ausdruck, der die *Semantik*, die *Bedeutung* von Texten, Sätzen oder Wörtern meint. Davon zu unterscheiden ist der Begriff der *Ambivalenz*. Ambivalenz ist ein Begriff, der zumindest einen Ursprung in der Psychologie hat. Im Jahr 1910 hat Eugen Bleuler in einem Vortrag diesen Begriff wirkungsvoll eingeführt.[3] Zur Unterscheidung der Begriffe Ambiguität und Ambivalenz kann als bewährt gelten, dass der Ausdruck *Ambiguität* ein eher *analytischer* Begriff ist, der die Mehrdeutigkeit von Sätzen und Texten feststellt. Ambivalenz meint dagegen eher die *Bewertung* eines Textes etwa *aufgrund* seiner Ambiguität. Ein ambivalenter Text wird als gut oder problematisch, hilfreich oder störend, fördernd oder behindernd eingestuft. - Bei dieser vorläufigen *Verwendungsbestimmung* müssen wir es belassen. Für das Verstehen des neutestamentlichen Begriffs der *Gerechtigkeit* in der Mehrdeutigkeit des Lebens ist die Unterscheidung allerdings bedeutsam.

Gerechtigkeit ist ein kultur- und traditionsübergreifendes Motiv, aber dieses Motiv ist nicht zugleich ein kultur- und traditionsübergreifendes *Konzept*. Platon und Aristoteles begreifen Gerechtigkeit als Tugend, die für die Polis tragende Bedeutung hat. In der alttestamentlichen Literatur beschreibt Gerechtigkeit mit den Begriffen צֶדֶק und צְדָקָה die komplexe, gelingende, sich zum Leben öffnende Relation zwischen Gott und Mensch und zwischen den Menschen untereinander.[4] Vermischungen und Kombinationen der Vorstel-

Bedeutungsvielfalt weiter gesteigert wird. Das meint keinen negativen Prozess, sondern ist einfach eine Beschreibung der Folgen von Interpretationen. Freilich bedeutet jede Ambiguität in Handlungszusammenhängen eine besondere Herausforderung.

[3] Bleuler unterscheidet verschiedene Ambivalenzen. Die *affektive Ambivalenz* meint positive oder negative Gefühle. Die *voluntäre Ambivalenz* meint das unentschiedene, das hin- und hergerissene Wünschen (jeder Paulusforscher assoziiert sogleich – ob angemessen oder nicht – das Ich in Röm 7 [vgl. dazu Jörn Müller, Willensschwäche in Antike und Mittelalter. Eine Problemgeschichte von Sokrates bis Johannes Duns Scotus, Ancient and Medieval Philosophy. Series I, 40, Leuven 2009]). Und als letzte benennt Bleuler die *intellektuelle Ambivalenz*, womit gemeint ist, dass etwas zugleich positiv und negativ gedeutet werde (vgl. Eugen Bleuler, »Vortrag über Ambivalenz«, in: Zentralblatt für Psychoanalyse 1 [1910], 266–268; es handelt sich um einen kurzen Bericht über den Vortrag, dieser Bericht wurde von F. Riklin verfasst).

[4] Zu verschiedenen Konzeptionen von Gerechtigkeit im Alten Testament vgl. Markus Witte, Von der Gerechtigkeit Gottes und des Menschen im Alten Testament, in: ders. (Hg.), Gerechtigkeit, TdT 6, Tübingen 2012, 37–67; Reinhard Feldmeier/Hermann

lungen der griechischen Philosophie und der alttestamentlichen Linien lassen sich dann bei Philo und bei Josephus aufweisen.[5] Auch in den Texten von Qumran wird das Konzept der Gerechtigkeit sehr eigenständig akzentuiert.[6] Schon diese ganz oberflächliche Wahrnehmung lässt die Ambiguisierung des Begriffs der *Gerechtigkeit* in historischer Perspektive erahnen.[7] Auch innerhalb der neutestamentlichen Texte finden sich hinsichtlich des Begriffs der Gerechtigkeit Mehrdeutigkeiten, die den Blick auf die Vielfalt des Lebens öffnen können. In der Absicht, Bedeutungshorizonte von *Gerechtigkeit und Leben* zu erschließen, werden wir uns zentrale Texte ansehen, ohne freilich den Anspruch zu haben, die Konzepte von Gerechtigkeit auch nur annähernd in der Kürze der Zeit erschließen zu können.

1. Gerechtigkeit im Matthäusevangelium

Der Ausdruck δικαιοσύνη (Gerechtigkeit) erscheint im Matthäusevangelium an sieben Stellen.[8] Der Verfasser fügt dieses Wort an allen sieben Stellen in seine Vorlage ein oder es erscheint in Texten, die weder im Markusevangelium noch in der Quelle Q zu finden sind. Der Ausdruck δικαιοσύνη (Gerechtigkeit) gehört zum Sondergut des Matthäusevangeliums und ist offensichtlich von herausragender Bedeutung. Dabei wird dieses Wort sehr bedacht eingesetzt. Es erscheint immer in einer Rede Jesu. δικαιοσύνη (Gerechtigkeit) ist zudem ein Vorzugswort innerhalb der Bergpredigt, die als erste der fünf Reden Jesu im Matthäusevangelium in besonderer Weise die Lehre Jesu darstellen soll. Von den sieben Versen, die innerhalb des Matthäusevangeliums δικαιοσύνη (Gerechtigkeit) bieten, finden sich nur zwei außerhalb der Bergpredigt. Die Bergpredigt scheint also der Ort zu sein, an dem für das Mat-

---

Spieckermann, Der Gott der Lebendigen. Eine biblische Gotteslehre, TOBITH 1, Tübingen 2011, 287–309; weitere Hinweise mit Literatur in: Christof Landmesser, Was der Mensch ist und was er tun soll. Neutestamentliche Impulse für eine lutherische Ethik heute, in: Tim Unger (Hg.), Was tun? Lutherische Ethik heute, SThKAB 38, Hannover 2006, 35–61: 53f. mit Anm. 40f.

[5] Vgl. dazu den Hinweis von Martin Johannes Fiedler, »Gerechtigkeit« im Matthäus-Evangelium, in: Joachim Rogge/Gottfried Schille (Hg.), Theologische Versuche VIII, Berlin 1977, 65; John A. Ziesler, The Meaning of Righteousness in Paul. A Linguistic and Theological Enquiry, MSSNTS 20, Cambridge 1972, 105–111.

[6] Zur Vorstellung von Gerechtigkeit in den Texten von Qumran vgl. etwa den Überblick bei Benno Przybylski, Righteousness in Matthew and his World of Thought, MSSNTS 41, Cambridge u.a. 1980, 13–38.

[7] Eine solche Ambiguisierung wird zum einen durch unterschiedliche Kontextualisierungen hervorgerufen, zum anderen aber auch über entsprechende Rezeptionsprozesse bewusst oder unbewusst produziert.

[8] Mt 3,15; 5,6.10.20; 6,1.33; 21,32.

thäusevangelium die δικαιοσύνη, die Gerechtigkeit, vorzüglich zur Geltung kommt und entfaltet wird. Aber auch die beiden Texte, die außerhalb der Bergpredigt den Ausdruck δικαιοσύνη (Gerechtigkeit) bieten, sind hochinteressant.

Wie bedeutsam das Konzept der δικαιοσύνη (Gerechtigkeit) für das Matthäusevangelium ist, lässt sich gleich im ersten Text wahrnehmen, in dem der Ausdruck eingefügt wird, in Mt 3,15.[9] Es ist die Szene der Taufe Jesu durch Johannes den Täufer. Jesus kommt zu Johannes an den Jordan, um sich von ihm taufen zu lassen. Johannes der Täufer verweigert zunächst, Jesus zu taufen: Ist die Taufe, die er durchführt, doch eine Taufe zur Buße für die Sünder. Jesus ist im Konzept des Matthäusevangeliums aber derjenige, der *seinem Volk seine Sünden vergeben wird*, und er ist der Immanuel, der ›Gott mit uns‹, – so wird der Name Jesu erklärt in Mt 1,21 und Mt 1,23. Für diesen Jesus, der seinem Volk seine Sünden vergeben wird, und mit dem Gott selbst zu den Menschen kommt, passt eine Bußtaufe nicht. Johannes reagiert deshalb völlig angemessen, wenn er die Bitte Jesu abwehrt. Die Johannestaufe wird im Matthäusevangelium ausdrücklich *nur* als Bußtaufe eingeführt (Mt 3,11)[10] und – anders als in den synoptischen Seitenreferenten Mk 1,4 und Lk 3,3 – nicht als eine Taufe εἰς ἄφεσιν ἁμαρτιῶν, zur Vergebung der Sünden. Das Motiv der Sündenvergebung wird mit genau dieser Wendung εἰς ἄφεσιν ἁμαρτιῶν, ›zur Vergebung der Sünden‹ vom Verfasser des Matthäusevangeliums später im Passamahl mit den Jüngern eingefügt in die Worte Jesu zur Deutung seines bevorstehenden Todes (Mt 26,28b). Die Vergebung der Sünden ist exklusiv mit der Person Jesu und mit seinem Tod verbunden. Eine Taufe Jesu im Sinne einer Bußtaufe für Sünder, so muss die Weigerung Johannes des Täufers gedeutet werden, wäre eine Umkehrung der Verhältnisse. Johannes wehrt Jesus ab (διεκώλυεν) und formuliert mit einer rhetorischen Frage: ›Ich hätte es nötig – gemeint ist: ich als Sünder – von dir getauft zu werden, und du kommst zu mir?‹ Johannes meint, dass es geradezu widersinnig wäre, dass Jesus, der Gottessohn, der Immanuel, der in die Menschenwelt gekommen ist, um seinem Volk seine Sünden zu vergeben, dass dieser sündlose Jesus von ihm, Johannes, der ein Sünder ist, mit der Bußtaufe getauft würde. Für den Täufer ist das Ansinnen Jesu also höchst *ambivalent*, es ist geradezu in sich selber widersprüchlich. Jesus antwortet. Es ist das erste Wort Jesu im Matthäusevangelium und löst für den Leser die Ambivalenz seines Wunsches noch nicht

[9] Vgl. CHRISTOF LANDMESSER, Jüngerberufung und Zuwendung zu Gott. Ein exegetischer Beitrag zum Konzept der matthäischen Soteriologie im Anschluß an Mt 9,9–13, WUNT 133, Tübingen 2001, 23–25.

[10] Johannes der Täufer ordnet seine Taufe ausdrücklich als Bußtaufe ein: Mt 3,11a: Ἐγὼ μὲν ὑμᾶς βαπτίζω ἐν ὕδατι εἰς μετάνοιαν. Er grenzt sich damit selbst von Jesus ab, den er als denjenigen ankündigt, der taufen wird ἐν πνεύματι ἁγίῳ καὶ πυρί (Mt 3,11b).

wirklich auf: ›Lass es jetzt geschehen, denn so geziemt es sich für uns, die ganze Gerechtigkeit (δικαιοσύνη) zu erfüllen‹ (Mt 3,15b). Ein wenig überraschend erscheint hier der Ausdruck *Gerechtigkeit* (δικαιοσύνη). Inwiefern die Gerechtigkeit mit der Taufe Jesu erfüllt wäre, erschließt sich an dieser Stelle noch nicht. Als eine hermeneutische Grundregel sollte freilich immer gelten, dass Texte möglichst in ihrer Gesamtheit wahrgenommen werden. Wenn wir diese hermeneutische Grundregel für das Matthäusevangelium beachten, dann öffnet sich auch der Sinn der Antwort Jesu zumindest ein Stück weit. Denn der Ausdruck δικαιοσύνη (Gerechtigkeit) erscheint zum zweiten Mal *außerhalb* der Bergpredigt gegen Ende der Jesusgeschichte innerhalb der Erzählung von Jesu letztem Auftreten in Jerusalem in Mt 21,32. Und erstaunlicherweise erscheint auch die Figur des Johannes wieder in Verbindung mit dem Ausdruck der δικαιοσύνη (Gerechtigkeit). Zum Abschluss des Gleichnisses von den zwei Brüdern (Mt 21,28–32), deren einer der Aufforderung des Vaters, in den Weinberg zur Arbeit zu gehen, zustimmt, der Aufforderung aber dann nicht folgt, der andere Bruder sich dagegen zunächst weigert, es ihn dann aber reut und er doch in den Weinberg zur Arbeit geht, betont Jesus, dass eben derjenige, der den Willen des Vaters, also den Willen Gottes *tatsächlich* tut, in das Himmelreich komme. Und er belehrt die Oberpriester und die Ältesten (V.23) im Tempel provokativ: ›Die Zöllner und die Huren kommen vor Euch in das Reich Gottes‹ (V.31). Und in V.32 begründet Jesus genauer: ›Denn Johannes ist zu euch gekommen ἐν ὁδῷ δικαιοσύνης, *auf dem Weg der Gerechtigkeit*, und ihr habt ihm nicht geglaubt; die Zöllner aber und die Huren haben ihm geglaubt. Ihr aber, die ihr das gesehen habt, habt euch nicht eines Besseren besonnen und habt ihm dann geglaubt.‹ – Was sich geziemt, um πᾶσα δικαιοσύνη, um ›die ganze Gerechtigkeit‹ zu erfüllen (Mt 3,15), wie die ὁδὸς δικαιοσύνης, der Weg der Gerechtigkeit (Mt 3,32), zu verstehen ist, das erschließt sich im Matthäusevangelium erst vollständig mit Blick auf die Verbindung von Buße und Sündenvergebung, die durch Jesus geschehen soll, wie in der Deutung des Todes Jesu nach Mt 26,28 erkennbar wird. So bilden die Verse Mt 3,15, mit implizitem Verweis auf Mt 26,28, und Mt 21,32 eine große Inklusion, die das öffentliche Auftreten Jesu mit Blick auf die Passion umgreift. Die *ganze Gerechtigkeit, der Weg der Gerechtigkeit* besteht genau darin, dass sich Jesus durch die Johannestaufe mit den Sündern solidarisiert und als solcher den Sündern mit seiner Geschichte, mit seiner Lehre, mit seinem Leiden und Sterben den Weg zur Vergebung der Sünde, und damit erst tatsächlich den Weg zur rettenden Umkehr eröffnet. Genau das ist der Weg der Gerechtigkeit.[11]

---

[11] Für die möglichst umfassende Wahrnehmung des im Matthäusevangelium durchaus ambigen Begriffs der δικαιοσύνη (Gerechtigkeit) ist es wichtig, im Anschluss an Mt 3,15 und 21,32 wahrzunehmen, dass die in diesen beiden Texten erwähnte δικαιοσύνη

Die im Anschluss an Mt 3,15 und Mt 21,32 erschlossene Bedeutung von δικαιοσύνη (Gerechtigkeit) macht das Leben für den Sünder möglich, sie kann als *soteriologische* Dimension der Gerechtigkeit aufgefasst werden. Vieles bleibt hier aber noch offen. –

Alle weiteren Erwähnungen von δικαιοσύνη (Gerechtigkeit) innerhalb des Matthäusevangeliums finden sich – wie bereits erwähnt – in der Bergpredigt. Aufschlussreich sind bereits die beiden ersten Vorkommen in Mt 5,6.10.

Nach der szenischen Einleitung in die Bergpredigt eröffnen in Mt 5,3–12 die *Seligpreisungen* diese große Rede Jesu, wobei die Verse 11f. von den zwei großen und parallel strukturierten Teilen I und II abgesetzt sind.[12] Zur Struktur der Seligpreisungen wäre viel zu sagen. Für uns soll genügen zu erwähnen, dass alle Seligpreisungen im griechischen Text einen Nominalsatz bieten (übersetzt etwa der zweite Makarismus in V.4: ›Selig sind die Trauernden‹) und anschließend einen mit ὅτι (›denn‹) eingeleiteten Begründungssatz (›denn sie werden getröstet werden‹). In beiden Teilen I und II bieten die abschließenden Nominalsätze der Seligpreisungen in den Versen 6 und 10 als letztes Wort den Ausdruck δικαιοσύνη (Gerechtigkeit). Beide Teile I und II der Seligpreisungen haben als ihr Ziel die δικαιοσύνη (Gerechtigkeit).[13] In den Begründungssätzen für die Seligpreisungen findet sich der Inhalt der δικαιοσύνη (Gerechtigkeit). Ein rascher Blick auf die Seligpreisungen lässt die Erweiterung des Bedeutungsumfangs von δικαιοσύνη (Gerechtigkeit) gegenü-

(Gerechtigkeit) von Johannes dem Täufer und von Jesus erfüllt wird. Jesus sagt zu Johannes nach Mt 3,15: ἄφες ἄρτι, οὕτως γὰρ πρέπον ἐστὶν ἡμῖν πληρῶσαι πᾶσαν δικαιοσύνην, ›Lass es jetzt geschehen, denn so geziemt es sich *für uns*, die ganze Gerechtigkeit zu erfüllen‹. Der von Johannes und Jesus mit der Taufe Jesu beschrittene Weg der Gerechtigkeit schafft erst den Raum für die von den Jüngern zu erbringende Gerechtigkeit, die im Matthäusevangelium wesentlich als ethischer Begriff entfaltet wird. Aber in der ethischen Dimension erschöpft sich der Begriff der δικαιοσύνη im Matthäusevangelium nicht. Vielmehr ist δικαιοσύνη für den Verfasser des Matthäusevangeliums zumindest auch »ein theologischer Begriff für den ganzen Weg Jesu und des Täufers als Ausdruck von Gottes heilvollem Handeln an seinem Volk« (Karl-Wilhelm Niebuhr, Gerechtigkeit und Rechtfertigung bei Matthäus und Jakobus. Eine Herausforderung für gegenwärtige lutherische Hermeneutik in globalen Kontexten, in: ThLZ 140 [2015], 1329–1348: 1341).

[12] Werden in den V.3–10 die Seliggepriesenen in der 3. Person Singular genannt, wechseln die V.11f. in die Anrede in der 2. Person Plural.

[13] Schon diese Beobachtung legt nahe, dass in den Seligpreisungen der Begriff der δικαιοσύνη näher bestimmt wird. Für eine angemessene Wahrnehmung dieses Begriffs im matthäischen Kontext müssen freilich alle sieben Textstellen innerhalb des Matthäusevangeliums mit ihren Kontexten wahrgenommen werden.

ber Mt 3,15 und Mt 21,32 erkennen. Die semantische Öffnung geschieht durch Interpretation und Ergänzung der Vorlage aus Q bzw. aus Lk 6,20–23.[14]

Bevor wir die Seligpreisungen inhaltlich zumindest andeutungsweise erschließen, ist noch eine weitere Strukturbeobachtung wesentlich. Der erste und der letzte Makarismus der Teile I und II bieten in V.3 und in V.10 jeweils den gleichen begründenden ὅτι-Satz: ὅτι αὐτῶν ἐστιν ἡ βασιλεία τῶν οὐρανῶν, ›denn ihrer – gemeint sind die eben selig Gepriesenen – ist das Himmelreich‹. Das Motiv des Himmelreichs, das den Seliggepriesenen zugesprochen wird, rahmt die Makarismen. Zudem ist bemerkenswert, dass die Zusage des Himmelreiches präsentisch formuliert ist, während die übrigen Makarismen futurische Verben bieten.

Die βασιλεία τῶν οὐρανῶν, das Himmelreich, und die δικαιοσύνη, die Gerechtigkeit, strukturieren also die Makarismen der Bergpredigt. Beide Motive sind nicht nur strukturell in eine Verbindung gesetzt, sie sind vielmehr auch semantisch, also in ihrem Bedeutungsgehalt, eng miteinander verknüpft. In der βασιλεία τῶν οὐρανῶν, im Himmelreich, verwirklicht sich die δικαιοσύνη, die Gerechtigkeit.[15]

Nur sehr kurz und längst nicht alle wichtigen Aspekte bedenkend sollen die Inhalte der Makarismen aufgerufen werden. Im ersten Makarismus werden die ›Armen im Geiste‹ selig gepriesen. Gemeint sind die Demütigen, die

---

[14] Das ist ein semiotisch bedeutsamer Akt in vielerlei Hinsicht, der uns jetzt nur mit Blick auf den wahrnehmbaren Bedeutungsumfang im Matthäusevangelium interessiert. Dass der Vorgang der Produktion von Bedeutung wesentlich komplexer ist, sei hier nur angedeutet. Der Verfasser des Matthäusevangeliums greift ja nicht nur auf die Makarismen der Feldrede in Lk 6 zurück, er nimmt vielmehr mit den dort zu findenden Motiven und Begrifflichkeiten Motive und Begriffe auf, die in der alttestamentlich-frühjüdischen Tradition in unterschiedlichen Stadien ihr je eigenes Profil erhalten und sich wieder verändert hatten.

[15] Die Wahrnehmung, dass die δικαιοσύνη so eng mit der den selig Gepriesenen verheißenen βασιλεία τῶν οὐρανῶν verbunden ist, muss für die Bestimmung des Begriffs der δικαιοσύνη im MtEv unbedingt beachtet werden. Insofern die βασιλεία τῶν οὐρανῶν den Raum beschreibt, in welchem die δικαιοσύνη vollständig und unangreifbar zur Geltung kommt, beschreibt die δικαιοσύνη durchaus auch den im Himmelreich verwirklichten Heilsraum. Zwar ist es richtig, dass der Begriff der δικαιοσύνη im MtEv ganz wesentlich eine ethische Dimension hat (so Matthias Konradt, Das Evangelium nach Matthäus, NTD 1, Göttingen 2015, 51f.). Und es ist auch wichtig, die Differenz zur Vorstellung von δικαιοσύνη bei Paulus festzustellen (mit Konradt, ebd.). Allerdings beschreibt die in der βασιλεία τῶν οὐρανῶν realisierte δικαιοσύνη nach dem MtEv durchaus Merkmale des Raumes des Heils, der den selig Gepriesenen verheißen ist. Genau danach streben sie ja. Die von Konradt, a.a.O., 51 angedeutete Alternative zwischen Gerechtigkeit und Heil schaffendem Handeln Gottes vermag deshalb nicht zu überzeugen (mit Niebuhr, Gerechtigkeit und Rechtfertigung [s. Anm. 11], 1342 mit Anm. 63).

sich nicht erheben über andere.[16] Demut ist eine Haltung im Selbst- und Fremdbezug und bestimmt die Relation zu anderen und auch zu Gott. Den Demütigen wird das Himmelreich zugesagt. Im zweiten Makarismus werden die Trauernden selig gepriesen. Der Grund der Trauer wird nicht näher bestimmt.[17] Sie werden selig gepriesen, ›denn sie werden getröstet werden‹. Mit einem *passivum divinum* wird Gott als das Subjekt des Tröstens genannt.[18] Vom Verfasser des Matthäusevangeliums wird gegenüber seinen Vorlagen dann der dritte Makarismus eingefügt: ›Selig sind die πραεῖς, die *Sanftmütigen*, denn sie werden das Land ererben.‹ Jesus selbst wird in Mt 11,29 als πραΰς, als sanftmütig, als menschenfreundlich bezeichnet in einem Zusammenhang, in dem er die Beschwerten (Luther: die Mühseligen) und die Beladenen zu sich einlädt. Auch das Motiv der Gewaltlosigkeit schwingt mit, wird Jesus doch auch beim Einzug in Jerusalem mit dem Zitat aus Sach 9,9 zumindest indirekt als πραΰς bezeichnet.[19] Spannend ist auch in diesem Makarismus die Zusage des Landes an die Sanftmütigen. Diese Zusage erinnert an Ps 36,11a: οἱ δὲ πραεῖς κληρονομήσουσιν γῆν, ›die Sanftmütigen aber werden das Land ererben‹.[20] Diese Zusage des Landes ist im Matthäusevangelium sicher in übertragenem Sinn und in futurisch-eschatologischer Perspektive gemeint. Der eschatologische Ausblick auf die Anteilhabe an der βασιλεία τῶν οὐρανῶν, am Himmelreich, legt sich hier nahe.

Der letzte Makarismus im ersten Teil der Seligpreisungen gilt denjenigen, die nach der δικαιοσύνη, nach der Gerechtigkeit *hungern und dürsten* (Mt 5,6). *Hungern* und *Dürsten* beschreiben ein existentielles Verlangen. Es ist ein aktives Verlangen nach Gerechtigkeit gemeint, ein Ausrichten des eigenen Tuns und Denkens, der ganzen Existenz an der Gerechtigkeit.[21] Zu beachten ist

[16] Zu erinnern wäre hier an Ps 33,19 LXX, wonach der κύριος die ταπεινοὶ τῷ πνεύματι retten wird (σώσει) (vgl. auch Koh 7,8; 1QH 6,3; 1QM 14,6f.).

[17] Mit diesem zweiten Makarismus der Bergpredigt greift der Verfasser des Matthäusevangeliums wohl den dritten Makarismus der Feldrede auf (Lk 6,21b). Wahrscheinlich denkt er hier an Jes 61,1–3, wo ebenfalls den Trauernden Trost zugesagt ist.

[18] Vgl. etwa Jes 49,13: ›Denn der Herr hat sein Volk getröstet und erbarmt sich seiner Elenden‹; ebenso Jes 40,1; 66,13. Gott tröstet sein Volk, also diejenigen, die zu ihm gehören.

[19] Vgl. beim Einzug in Jerusalem nach Mt 21,5 das Zitat aus Sach 9,9. – Vgl. dazu Ulrich Luz, Das Evangelium nach Matthäus. 1. Teilband: Mt 1–7, EKK I,1, 2., durchgesehene Auflage, Neukirchen-Vluyn 1989, 209. – Das hier mit der Nennung der Sanftmütigen (πραεῖς) eingespielte Motiv passt gut zu dem in den Antithesen notierten Verbot der Vergeltung (Mt 5,38–42) und der geforderten Feindesliebe (Mt 5,43–48).

[20] Vgl. auch Jes 60,21; 65,9. Das Motiv des Erbens findet sich auch in Jes 53,12.

[21] Vgl. auch die Wendung bei Philo, Fug 139, der von den διψῶντες καὶ πεινῶντες καλοκἀγαθίας, den ›Hungernden und Dürstenden nach sittlicher Vortrefflichkeit oder Vollkommenheit‹ spricht.

wiederum die Begründung für diese Seligpreisung. Wer nach Gerechtigkeit mit allen Fasern seines Lebens verlangt und entsprechend handelt, der wird *gesättigt* werden. Wieder meint das Verb χορτασθήσονται ein *passivum divinum*. Gott sättigt die selig Gepriesenen mit dem, wonach sie streben. Das ist die Gerechtigkeit. Der Grund der Seligpreisung ist hier also nicht, dass die so auf Gerechtigkeit Ausgerichteten selig sind, weil sie etwa die Gerechtigkeit erfüllten. Gott selbst wird vielmehr die nach Gerechtigkeit Strebenden in ihrem Verlangen befriedigen. Damit findet der erste Teil der Makarismen seinen Höhepunkt in der zugesprochenen Gerechtigkeit.[22]

Die Reihe der Makarismen wird mit einem *zweiten Teil* fortgesetzt. Zuerst werden in V.7 die *Barmherzigen* aufgerufen, denen mit dem Makarismus - wiederum mit einem *passivum divinum* - von Gott die Erfahrung der Barmherzigkeit zugesagt wird. Die den bedürftigen Menschen zugewandte Barmherzigkeit ist für die frühjüdische Frömmigkeit eine zentrale Konkretion des angemessenen Gottesverhältnisses.[23] Im Gleichnis vom Schalksknecht wirft der König seinem bösen Knecht vor: ›Hättest du nicht auch selbst deinem Mitknecht gegenüber barmherzig sein müssen, wie auch ich dir barmherzig gewesen bin?‹ (Mt 18,33). Es deutet sich hier eine im Matthäusevangelium ganz wesentliche *Reziprozität* an, die eine Reaktion des Menschen in seiner Lebensgestaltung auf das rettende Handeln Gottes fordert. Diese den Menschen zugewandte Barmherzigkeit ist Teil einer umfassenden und von den Jüngern geforderten Zuwendung zu Gott, die im Arztwort Jesu in Mt 9,12f. mit dem Zitat aus Hos 6,6 gemeint ist: ἔλεος θέλω καὶ οὐ θυσίαν, ›Barmherzigkeit, genauer: Zuwendung zu Gott will ich und nicht Opfer‹.[24] Barmherzigkeit wird

[22] Auch in dieser Seligpreisung kann δικαιοσύνη (Gerechtigkeit) nicht reduziert werden auf eine ethische Perspektive (so allerdings Luz, Matthäus 1 [s. Anm 19], 210f.; Konradt, Matthäus [s. Anm. 15], 69). Das sich notwendig auf die δικαιοσύνη beziehende *passivum divinum* χορτασθήσονται müsste ansonsten übergangen werden. Konradt, ebd. bemerkt dann richtig, dass mit dem Verheißungssatz eine »metaphorische [...] Beschreibung des Heilsempfangs« notiert sei. Der Makarismus legt nahe, dass die selig Gepriesenen gerade damit gesättigt werden, wonach sie hungern und dürsten, nämlich mit Gerechtigkeit. – Vgl. auch Niebuhr, Gerechtigkeit und Rechtfertigung (s. Anm. 11), 1342: »Wenn Jesus diejenigen selig preist, die ›nach Gerechtigkeit hungern und dürsten‹ (5,6), dann fordert er nicht bloß gerechte Taten, sondern beschreibt eine umfassende Haltung der Ausrichtung des Lebens auf Rettung und Heil, wie sie Gott im Wirken Jesu Menschen anbietet.«

[23] Vgl. dazu Konradt, Matthäus (s. Anm. 15), 69 mit Hinweisen auf TestSeb 6,4–7,4; 8,4–6.

[24] Vgl. auch Mt 12,7. Zum Thema Barmherzigkeit im Anschluss an Mt 9,9–13 vgl. Landmesser, Jüngerberufung (s. Anm. 9), 49–132.

in diesem Makarismus denen zugesagt, deren Frömmigkeit in Barmherzigkeit gegenüber anderen Menschen konkret wird.[25]

Im *sechsten* Makarismus in Mt 5,8 wird denen die Gottesschau zugesagt, die reinen Herzens sind. Mit der καρδία, dem Herzen, kommt das Personzentrum des Menschen in den Blick.[26] Ist der ganze Mensch rein, dann wird er Gott schauen. Diese Gottesschau bedeutet die ungestörte Gottesgemeinschaft,[27] die zugleich die Entfaltung des von Gott für das Geschöpf gewollten Lebens bedeutet. Der vorletzte Makarismus in V.9 preist die εἰρηνοποιοί, die aktiven Friedens*macher* selig, also die Friedensstifter,[28] die von Gott ›Söhne Gottes‹ genannt werden. Das Stiften des Friedens zwischen den Menschen überhaupt kann hier gemeint sein. Es kann aber auch bereits die nochmals in der Antithese von der Versöhnung in Mt 5,23f. aufgerufene Versöhnungspflicht vor dem Gang zum Tempel im Blick sein. Der aktive Friedensstifter wird von Gott durch die Anrede als ›Sohn Gottes‹, als ›Kind Gottes‹ in die engste Gottesgemeinschaft aufgenommen. Nach Sap 2,13 nennt sich der Gerechte, der meint, Gotteserkenntnis zu haben, ›Kind Gottes‹, παῖς θεοῦ. Und nach Sap 2,18 ist der Gerechte, der δίκαιος, ein ›Sohn Gottes‹, dessen sich Gott annehmen und ihn aus der Hand seiner Widersacher erlösen wird. Diese Andeutung wird gleich im letzten Makarismus noch einmal anklingen. In jedem Fall ist mit der Benennung als ›Sohn Gottes‹ oder als ›Kind Gottes‹ ein eminent soteriologisches Motiv aufgerufen.[29] Die engste Zugehörigkeit zu Gott als dem Vater wird damit ausgesagt.

Der letzte Makarismus dieser Reihe in Mt 5,10 spricht von den wegen der δικαιοσύνη, wegen der Gerechtigkeit Verfolgten. Ihnen gehört die βασιλεία τῶν οὐρανῶν, ihnen gehört das Himmelreich. Mit dem Motiv der Zugehörigkeit zum Himmelreich wird der Kreis der Makarismen, abgesehen von der Ergänzung in den Versen 11f., geschlossen. Die durch das Evangelium adressierte Gemeinde wird offensichtlich angegriffen, die Situation der Verfolgung

---

[25] Vgl. auch die Bitte im Vaterunser Mt 6,12: καὶ ἄφες ἡμῖν τὰ ὀφειλήματα ἡμῶν, ὡς καὶ ἡμεῖς ἀφήκαμεν τοῖς ὀφειλέταις ἡμῶν, ›Vergib uns unsere Verfehlungen, wie auch wir (schon) vergeben haben unseren Schuldnern.‹ Die Anmerkung Jesu in Mt 6,14f. bestätigt, dass die zugesagte Vergebung die Vergebung des Menschen gegenüber den eigenen Schuldnern voraussetzt.

[26] Vgl. Ps 24,4; 51,12; 73,1; Hiob 11,13 u.ö.

[27] Vgl. Ps 24,6b; Ps 42,3. Dieses Motiv der Sehens Gottes im Sinne eines *genitivus objectivus* begegnet auch in der Metaphorik des Sehens in der johanneischen Literatur (1Joh 3,2) und in der Apokalypse (Apk 22,3f.).

[28] KONRADT, Matthäus (s. Anm. 15) betont mit Recht, dass die Übersetzung von οἱ εἰρηνοποιοί mit ›die Friedfertigen‹ eine deutliche Unterbestimmung wäre. Der griechische Ausdruck betont das aktive Moment.

[29] Vgl. auch in Röm 8,14; Gal 3,26; 1Joh 3,1.

ist ihr nicht fremd.[30] Verfolgt werden die Adressierten wohl auch, weil sie die Merkmale aufweisen, mit denen die Seliggepriesenen in den Makarismen beschrieben werden.[31] Wer sich verhält, wie es in den Makarismen erschlossen wird, der strebt nach δικαιοσύνη, nach Gerechtigkeit. Genau deshalb wird ihm die Anteilhabe am Himmelreich, an der Gottesnähe, der Gottesgemeinschaft zugesagt.

Die Makarismen erschließen ein deutlich erweitertes Verständnis von δικαιοσύνη, von Gerechtigkeit gegenüber Mt 3,15 und Mt 21,32. Es geht hier um die von den Menschen *erwartete* Gerechtigkeit, die letztlich nichts anderes ist als der heilvolle Vollzug des Lebens vor Gott und in der Gemeinschaft mit den anderen Menschen. Die eschatologische Zusage der Teilhabe an der Gottesgemeinschaft gilt solchen Menschen.

Ein kurzer Blick auf die drei weiteren Erwähnungen des Ausdrucks δικαιοσύνη (Gerechtigkeit) in der Bergpredigt werden diese Wahrnehmung verstärken.

Die Bergpredigt richtet sich an die Jünger Jesu. Diese werden in Mt 5,20 in ihrem Verhältnis zu der eben aufgerufenen und in den folgenden Antithesen weiter entfalteten δικαιοσύνη (Gerechtigkeit) angesprochen. Jetzt freilich kommt ein neuer Akzent hinzu. Das Verhältnis der Jünger zur Gerechtigkeit beschreibt eine Differenz zu denen, die sich in ihrer Frömmigkeit selbst als gerecht verstehen, aber tatsächlich die Gerechtigkeit nicht erfüllen. Das sind im Konzept des Matthäusevangeliums die Schriftgelehrten und die Pharisäer als die Gegner Jesu. Zu den Jüngern sagt Jesus: ›Wenn eure Gerechtigkeit nicht größer ist als die der Schriftgelehrten und der Pharisäer, dann werdet ihr ganz gewiss nicht in das Himmelreich eintreten.‹ Die vollständige Erfüllung der Gerechtigkeit, die vollständige Erfüllung des Gotteswillens fordert Jesus von seinen Jüngern, nicht weniger.[32] Die so verstandene Gerechtigkeit

---

[30] Vgl. Mt 10,16f.28f.34–36.

[31] Vgl. auch hier Sap 2,12f.; 5,1.

[32] Damit wird das Motiv der Erfüllung von Gesetz und Propheten aus V.17–19 aufgenommen. Jesus selbst ist gekommen, den dort zu findenden Gotteswillen vollständig zu erfüllen. Der Gotteswille muss ganz erfüllt werden. Wer den Gotteswillen nicht ganz erfüllt, der wird ›der Kleinste‹ (ἐλάχιστος) im Himmelreich sein, womit mit einer rhetorischen Wendung gemeint ist, dass derjenige ganz bestimmt nicht in das Himmelreich eintreten wird. Nur so kann im Kontext des Matthäusevangeliums diese Wendung konsistent begriffen werden, eine Abstufung des Ansehens im Himmelreich kennt der Verfasser des Matthäusevangeliums nicht. – Die Rede von »differenzierte[n] Stellungen im Himmelreich« (so Konradt, Matthäus [s. Anm. 15], 76) passt weder zu V.19a noch zu dem sonstigen Konzept des Matthäusevangeliums. Konradt verweist völlig richtig auf Mt 20,1–15, auch das gesamte Kapitel Mt 25 kann hier genannt werden. Insbesondere sind aber die direkt folgenden Antithesen zu beachten, die deutlich

bekommt zum einen die Dimension der *Forderung*, und zum anderen wird die Gerechtigkeit zu einem *Differenzbegriff* gegenüber den Schriftgelehrten und Pharisäern, der die Identität der Jünger mit bestimmt.

Die Gerechtigkeit ist konkret und wird im Leben der Jünger sichtbar. Das haben schon die Makarismen erkennen lassen und das verdeutlichen nicht weniger die in Mt 5,21–48 entfalteten Antithesen, mit denen der Jesus der Bergpredigt deutlich machen will, worin die Gerechtigkeit besteht. Töten durch Verleumdung, Ehebruch, Ehescheidung, Schwören, Vergeltung und die geforderte Nächstenliebe sind Bereiche, in denen die hier gemeinte Gerechtigkeit die sozialen Praktiken prägen soll. Keine Dimension des sozialen Lebens kann von dieser Gerechtigkeit ausgenommen werden. Und die Zuspitzung dieser die Identität der Jünger ausmachenden Gerechtigkeit findet sich in Mt 5,48: ›Seid nun vollkommen wie euer Vater im Himmel vollkommen ist.‹

Diese Gerechtigkeit erträgt keine Abstriche. Allerdings eignet sie sich auch nicht zur Selbstdarstellung für die Jünger. In Mt 6,1, zu Beginn der Entfaltung der Frömmigkeit der Jünger in Aufnahme der frühjüdischen Frömmigkeitsformen, fordert Jesus seine Jünger auf, diese Gerechtigkeit nicht vor den Mitmenschen zur Schau zu stellen. Wer seine Frömmigkeit zur Schau stellt, konterkariert diese und wird seinen Lohn (μισθός) verlieren.[33] Die hier gemeinte Gerechtigkeit umfasst die Momente der Barmherzigkeit, des rechten Betens und des Fastens.

Die übrigen Inhalte der Bergpredigt können als weitere Entfaltung der Gerechtigkeit aufgefasst werden. Zusammenfassend ruft der Jesus der Bergpredigt seinen Jüngern in Mt 6,33 zu: ›Sucht zuerst das Reich Gottes und seine Gerechtigkeit‹. Wie bereits in den Makarismen werden Gerechtigkeit und Gottesreich – dort das Himmelreich – miteinander verbunden. Der Raum der Herrschaft Gottes ist bestimmt, geprägt, erfüllt von Gerechtigkeit.[34] Das Verhältnis der Menschen untereinander, das Verhältnis der Menschen zu Gott ist in einem umfassenden Sinn von Gerechtigkeit geprägt genau dort, wo dieses Leben sich tatsächlich entfalten kann, nämlich in der Gottesnähe. Ich nenne das die *ethische* oder die *relationale Dimension* der Gerechtigkeit.[35]

---

machen, dass es – für den Verfasser des Matthäusevangeliums – bei der Erfüllung des Gotteswillens keinen Spielraum und keine Abstufung gibt.

[33] Vgl. auch Mt 6,5.

[34] Im Reich Gottes ist die Gerechtigkeit realisiert. »Sie, die Gerechtigkeit, ist als ›seine‹, Gottes Gerechtigkeit die Handlungsstruktur seiner Königsherrschaft« (Lukas Bormann, Gerechtigkeitskonzeptionen im Neuen Testament, in: Witte [Hg.], Gerechtigkeit [s. Anm. 4], 69–97: 83).

[35] Die relationale Gerechtigkeit meint ganz umfassend das Selbstverständnis des Menschen, sein Verhältnis zu den Mitmenschen, insbesondere, aber nicht nur innerhalb der christlichen Gemeinde, und sein Gottesverhältnis. Von den Jüngern wird die Gerechtigkeit gefordert. Im Himmelreich wird diese Gerechtigkeit eine umfassende und

Der knappe Überblick über die Vorstellung von δικαιοσύνη (Gerechtigkeit) im Matthäusevangelium lässt zumindest unterschiedliche *Aspekte* oder *Dimensionen* von ›Gerechtigkeit‹ wahrnehmen. Grundlegend ist die in der Taufe erkennbare Solidarisierung Jesu mit den Sündern. Damit ist der ›Weg der Gerechtigkeit‹ eröffnet, der Lehre, Passion und Tod Jesu umgreift, worin das Heilshandeln dessen konkret wird, der seinem Volk seine Sünden vergeben wird. Dieses Heilsgeschehen in der Jesus-Geschichte öffnet den Menschen den Zugang zu Gott. Das ist die *christologisch-soteriologische* Dimension der Gerechtigkeit.

Die Ambiguität, die Mehrdeutigkeit von Gerechtigkeit im Matthäusevangelium fächert sich bei genauerem Hinsehen noch weiter auf. Im Matthäusevangelium wird der Zugang zum Himmelreich denjenigen zugesagt, die von den Konkretionen der Gerechtigkeit nicht nur wissen, die diese vielmehr leben und so den Willen Gottes erfüllen. Der Zugang zum *Himmelreich* hat wohl als *Voraussetzung* die soteriologische Dimension in der Erfüllung des Weges der Gerechtigkeit durch Jesus. Der Zugang zum Himmelreich hat aber als zusätzliche *Bedingung* die umfassende Erfüllung des Gotteswillens, also die Erfüllung der Gerechtigkeit. Der Zugang zum Heil wird so *sekundär konditioniert.*[36]

Die Mehrdimensionalität, die Ambiguität der Gerechtigkeit hat in der βασιλεία τῶν οὐρανῶν, in der Vorstellung vom *Himmelreich* als dem Ort, an dem Gerechtigkeit als eine umfassende Wirklichkeit erwartet wird, ihre Fluchtlinie. Die im Matthäusevangelium gemeinte Gerechtigkeit macht aber auch einen Blick auf das tatsächlich gelebte Leben der Jünger erforderlich, ist doch diese von den Jüngern gelebte Gerechtigkeit, ihre Erfüllung des Gotteswillens, für den Verfasser des Matthäusevangeliums die Voraussetzung für den Zugang der Jünger zum Himmelreich. Und genau hier entsteht eine Irritation. Die Ambiguität der Gerechtigkeit, die eben nicht nur eine soteriologische, sondern eine zu erfüllende *relationale*, eine *ethische* und *soziale* Dimension hat, provoziert eine *Ambivalenz*, die sich nach dem Matthäusevangelium für die Jünger in ihrer gelebten Gegenwart nicht auflösen lässt. Erst in der Gerichtsszene in Mt 25 werden die Menschen erkennen und vom richtenden

---

ungetrübte Wirklichkeit. Ein genauer Durchgang durch das Matthäusevangelium würde deutlich mehr, als die hier im Anschluss an die Bergpredigt aufgerufenen Konkretionen von Gerechtigkeit erkennbar machen.

[36] Vgl. LANDMESSER, Jüngerberufung (s. Anm. 9), 141–149. – FELDMEIER/SPIECKERMANN, Gott der Lebendigen (s. Anm. 4), 309 sprechen von einer im Matthäusevangelium »theologisch nicht unbedenklichen Konditionierung der frohen Botschaft«. Hier werde »das ποιεῖν, das ›(menschliche) Tun‹, als ein unverzichtbarer Bestandteil der Gerechtigkeit betont«, die aber nicht als bloße ›Werkgerechtigkeit‹ zu verstehen sei, da die Nähe Gottes durch Jesus, den Immanuel, dieses Gott entsprechende Tun erst ermögliche (ebd.).

Menschensohn gegen ihre Erwartung mitgeteilt bekommen, ob sie den Willen Gottes tatsächlich erfüllt haben und so den Zugang zum Himmelreich erhalten.[37] Man könnte in der Sache, auch wenn der Begriff der δικαιοσύνη hier nicht erscheint, von einer *juridischen* Gerechtigkeit des richtenden Menschensohnes sprechen. Die Weltgerichtsszene markiert die durch die Ambiguität der Gerechtigkeit hervorgerufene existentielle *Ambivalenz* dieses Konzepts matthäischer Theologie.

2. Gerechtigkeit in der Theologie des Paulus

Begriff und Motiv der Gerechtigkeit sind für die Theologie des Paulus von mindestens ebenso weitreichender Bedeutung wie dies im Matthäusevangelium zu beobachten ist. Ob dies nur für die späteren Paulusbriefe, insbesondere den Galater- und den Römerbrief, gilt, in denen der Ausdruck δικαιοσύνη (Gerechtigkeit) vermehrt erscheint, ist eine spannende Frage, die hier aber nicht diskutiert werden kann. Auch das Geschehen der Rechtfertigung kann hier nicht näher entfaltet werden. Vielmehr soll in heuristischer Absicht von dem einige Jahre später abgefassten Text des Matthäusevangeliums her gefragt werden, ob eine vergleichbare Ambiguität des Konzepts der Gerechtigkeit in den Paulusbriefen zu beobachten ist. Wir werden den drei im Matthäusevangelium aufgedeckten Momenten des ambigen Begriffs Gerechtigkeit folgen, und diese bei Paulus aufsuchen: das *soteriologische* Konzept im Anschluss an Röm 1,16.17, die *Konkretionen* der Gerechtigkeit nach Röm 6 und Gal 5 und die *Ambivalenz* durch das Gericht nach Röm 2 und Röm 8.[38]

2.1 Die *soteriologische* Dimension der Gerechtigkeit

Gerechtigkeit, δικαιοσύνη ist ein zentrales Thema des Römerbriefs und des Galaterbriefs. Paulus schreibt in Röm 1,16.17 den zusammenfassenden Satz: ›Denn ich schäme mich des Evangeliums nicht; es ist ja eine Kraft Gottes zum Heil für alle, die glauben, für den Juden zuerst und auch den Griechen.‹ Und dann fügt er den für uns entscheidenden Satz an: ›Denn die Gerechtigkeit Gottes (δικαιοσύνη θεοῦ) wird in ihm – gemeint ist das Evangelium – geoffenbart aus Glauben zum Glauben, wie geschrieben steht: Der aber aus Glauben Gerechte wird leben‹. Die soteriologische Dimension der Gerechtigkeit Gottes wird mit diesen Sätzen gleich zu Beginn des Römerbriefs eindeutig gemacht, –

---

[37] Auch in der Weltgerichtsszene in Mt 25,31–46 werden die verschiedenen Dimensionen, die Ambiguitäten der Vorstellung von Gerechtigkeit im Matthäusevangelium deutlich.

[38] Die Ambiguität des Begriffs der Gerechtigkeit in der Theologie des Paulus wird auch angedeutet, wenn er als »mehrdimensionaler Begriff« aufgefasst wird (so Udo Schnelle, Paulus. Leben und Denken, Berlin/Boston 22014, 334).

so zumindest scheint es. Die Gerechtigkeit Gottes wird *im* und *durch* das Evangelium geoffenbart. Und das Evangelium ist für jeden, der glaubt, eine Kraft Gottes zur σωτηρία, zum Heil. Es ist genau deshalb eine δύναμις, eine Kraft zum Heil für die Glaubenden, Juden und Heiden, weil in ihm die δικαιοσύνη θεοῦ, die Gerechtigkeit Gottes geoffenbart wird, ›aus Glauben, zum Glauben‹, wie Paulus anfügt. Die Gerechtigkeit Gottes ist die Kraft, die das Heil der Glaubenden bewirkt. Und als ob er seinen Satz durch die Schrift auch noch weiter bekräftigen wollte, zitiert Paulus aus Hab 2,4b: ὁ δὲ δίκαιος ἐκ πίστεως ζήσεται,[39] und bei der Übersetzung muss man zögern, denn grammatisch sind zwei Varianten denkbar. Wir können übersetzen: ›Der Gerechte aber wird aus Glauben leben.‹ Die andere Variante lautet: ›Der aus Glauben Gerechte aber wird leben.‹ Die Differenz ist beachtlich, ist doch in der Variante 1 das Gerechtsein vorausgesetzt für ein Leben aus Glauben, wogegen in Variante 2 das Gerechtsein aus dem Glauben kommt und so das Leben eröffnet. Man könnte sagen, dass der Versuch einer Autorisierung und damit der Vereindeutigung und Bekräftigung der Aussage des behaupteten Zusammenhangs zwischen Evangelium und Gerechtigkeit durch ein Schriftzitat dem Paulus aufgrund einer syntaktischen Ambiguität missglückt ist.[40] Aber bevor wir uns an dieser Stelle vorschnell bei Paulus beklagen, sollten wir uns an eine bereits erwähnte hermeneutische Grundregel erinnern, dass sich die Bedeutung einzelner Sätze letztlich nur in ihrem jeweiligen Gesamtkontext erschließt. Und da hilft uns Paulus, wenn er in Röm 5,1 notiert: ›Als solche die wir nun aus Glauben gerechtfertigt sind haben wir Frieden mit Gott durch unseren Herrn Jesus Christus [...]‹. Für Paulus jedenfalls kommt die Gerech-

---

[39] Hab 2,4b wird auch in Gal 3,11 und in Hebr 10,38 zitiert.

[40] Hab 2,4b MT lautet: צַדִּיק בֶּאֱמוּנָתוֹ יִחְיֶה, ›der Gerechte wird durch seine Treue leben‹. Die Treue meint das Festhalten an den Geboten, die Zusage des Lebens bezieht sich auf das innergeschichtliche Leben des Gerechten. Die Gerechtigkeit des Einzelnen ist die Voraussetzung des von Gott geschenkten Lebens. Bereits die LXX variiert: ὁ δὲ δίκαιος ἐκ πίστεώς μου ζήσεται, ›der Gerechte wird aufgrund meiner Treue leben‹ (Hab 2,4b LXX). Der Satz steht in einer Gottesrede, gemeint ist hier die Treue Gottes. 1QpHab VII,17 bietet: וצדיק באמונתו יחיה, ›doch ein Gerechter lebt durch seine Treue‹ (Übersetzung nach Johann Maier, Die Qumran-Essener: Die Texte vom Toten Meer, Band I: Die Texte der Höhlen 1–3 und 5–11, UTB 1862, München/Basel 1995, 161). Und Hebr 10,38a formuliert: ὁ δὲ δίκαιός μου ἐκ πίστεως ζήσεται, ›mein Gerechter aber wird aus Glauben leben‹, wobei der ›Glaube‹ hier die Treue meint »zum unsichtbar-himmlischen Hoffnungsgut«, und die ›Gerechtigkeit‹ bedeutet, »mit dieser Treue nicht nachzulassen, sondern sie konsequent ins Leben zu übersetzen« (Knut Backhaus, Der Hebräerbrief. Übersetzt und erklärt von Knut Backhaus, RNT, Regensburg 2009, 373). – Die verschiedenen und hier nur exemplarisch erwähnten Rezeptionsvarianten von Hab 2,4b machen deutlich, dass zur Vereindeutigung der mit den Interpretationen geschaffenen Ambiguitäten jeweils der Kontext sehr genau beachtet werden muss.

tigkeit aus dem Glauben.[41] Das Dilemma, die verunsichernde Ambiguität der Interpretation von Hab 2,4b löst Paulus also selbst auf.[42]

Es bleibt aber eine andere Ambiguität, eine Mehrdeutigkeit in dem Begriff der Gerechtigkeit. Zunächst war in Röm 1,17 in der Genitivverbindung δικαιοσύνη θεοῦ ausdrücklich von *Gottes* Gerechtigkeit die Rede. Am Ende von V.17 kommt - davon zu unterscheiden - ein Gerechtsein des *Glaubenden* ins Spiel. Beide Dimensionen der Gerechtigkeit - Gottes Gerechtigkeit und die Gerechtigkeit der Glaubenden - müssen gemeinsam bedacht werden. Und der zitierte Satz in Röm 5,1 lässt noch einmal die soteriologische Dimension der mit dem Glauben von Gott zugespielten Gerechtigkeit deutlich werden, wenn Paulus notiert, dass wir den *Frieden*, den umfassenden *Schalom*, jetzt schon haben und zwar *durch unseren Herrn Jesus Christus*, womit Paulus auf das rechtfertigende und heilvolle Christusgeschehen in seiner Gesamtheit verweist. - Paulus spricht also in soteriologischer Hinsicht zum einen von der Gerechtigkeit Gottes und zum anderen von einem im Glauben zugespielten Gerechtsein des Menschen.

2.2 Die konkrete ethische und relationale Gerechtigkeit

Der von Gott im Glauben gerechtfertigte und versöhnte Mensch steht im Heil, und sein Leben, seine Existenz verändern sich.[43] Paulus spricht von einer καινὴ κτίσις, von einem ›neuen Geschöpf‹.[44] Er denkt die Veränderung konkret. In Röm 6 erläutert er, dass die Glaubenden an dem rettenden und in der Taufe erschlossenen Heilsgeschehen des Todes und der Auferstehung Jesu Anteil haben, ›damit, wie Christus auferweckt worden ist durch die Herrlich-

---

[41] Zur Gerechtigkeit, die nach Paulus aus Glauben kommt, vgl. auch Röm 3,22a: δικαιοσύνη δὲ θεοῦ διὰ πίστεως Ἰησοῦ Χριστοῦ εἰς πάντας τοὺς πιστεύοντας, ›die Gerechtigkeit Gottes aber kommt durch den Glauben an Jesus Christus zu allen, die glauben‹.

[42] Die in Röm 1,17b angemessene Übersetzung des Habakuk-Zitats ›der aus Glauben Gerechte aber wird leben‹ findet sich etwa bei SAMUEL VOLLENWEIDER, Lebenskunst als Gottesdienst. Epiktets Theologie und ihr Verhältnis zum Neuen Testament, in: Epiktet, Was ist wahre Freiheit? Diatribe IV/1, eingeleitet, übersetzt und mit interpretierenden Essays versehen von Samuel Vollenweider, Manuel Baumbach, Eva Ebel, Maximilian Forschner und Thomas Schmeller, Scripta antiquitatis posterioris ad ethicam religionemque pertinentia 22, Tübingen 2013, 119–162: 144; DIETER ZELLER, Der Brief an die Römer. Übersetzt und erklärt von Dieter Zeller, RNT, Regensburg 1985, 39.

[43] Vgl. zur verändernden Kraft des heilvollen Handelns Gottes in JOHN M.G. BARCLAY, Paul and the Gift, Grand Rapids, Michigan/Cambridge 2015, 423–446, das Kapitel 14 mit dem Titel: ›The New Community as the Expression of the Gift‹. Barclay arbeitet sehr schön heraus, dass das heilvolle Christusgeschehen eine die Glaubenden tatsächlich verändernde Kraft hat. Dazu vgl. auch MICHAEL WOLTER, Paulus. Ein Grundriss seiner Theologie, Neukirchen-Vluyn 2011, 259.393 u.ö.

[44] 2Kor 5,17; Gal 6,15. Vgl. auch in vergleichbarer Metaphorik Joh 3,5.7; 1Petr 1,3; 3,9.

keit des Vaters so auch wir in der καινότης ζωῆς, in der *Neuheit des Lebens wandeln*‹ (Röm 6,4), dass wir also ›*in der Neuheit des Lebens unser Leben gestalten*‹. Das Christusgeschehen und die mit ihm im Glauben geschenkte Gerechtigkeit verändern das zuvor von der Sünde bestimmte Leben. Schon in Röm 5,21 hat Paulus notiert: Die Gnade kommt im Leben der Glaubenden zur Herrschaft *durch* die δικαιοσύνη, durch die Gerechtigkeit *zum ewigen Leben* durch Jesus Christus, unseren Herrn.

Diese ζωὴ αἰώνιος, das *ewige Leben* stellt sich Paulus nicht als ein jenseitiges, erst künftiges Leben vor. Die erwähnte καινότης ζωῆς, die *Neuheit des Lebens*, oder wie der Ausdruck auch begriffen werden kann: die *Neuheit*, die im *Leben*, also in dem vom Schöpfer gewollten und geschenkten Leben überhaupt besteht,[45] diese Neuheit des Lebens bestimmt und verändert die gegenwärtige Existenz der Glaubenden. Die Veränderung des konkreten gegenwärtigen Lebens ist das *innerweltliche und innerzeitliche Ziel* des rettenden Handelns Gottes im Christusgeschehen. Als Glaubende leben wir jetzt schon als gegenüber der Sünde *Tote*, aber als Lebende leben wir *für Gott* durch Jesus Christus (Röm 6,11).

Paulus hat die Veränderung des konkreten gegenwärtigen und endlichen Lebens ausdrücklich im Blick, wenn er von dem Leben ἐν τῷ θνητῷ ὑμῶν σώματι, ›in unserem sterblichen Leib‹ spricht (Röm 6,12). Er fordert die Glaubenden in Rom dazu auf, die Glieder ihres Leibes, also ihr gegenwärtiges Leben, jetzt nicht mehr als Werkzeuge der Ungerechtigkeit für die Sünde, sondern sich selbst als ganze Person Gott zur Verfügung zu stellen, der sie von den Toten auferweckt hat. Damit stellen sie die Glieder ihres Leibes, ihr gegenwärtiges Leben, als Werkzeuge der Gerechtigkeit zur Verfügung; sie leben unter der Gnade (Röm 6,13f.), die – wie Paulus in Röm 5,21 notiert – durch die Gerechtigkeit herrscht. Führt die Sünde in den Tod, so steht im Leben der Glaubenden die Gerechtigkeit dem Tod entgegen. Gerechtigkeit *bedeutet* das Leben (Röm 6,16). Und noch ein weiteres Motiv, das nur kurz angedeutet werden kann, erinnert Paulus. Die Glaubenden sind *befreit* von der Sünde und sie *dienen* der Gerechtigkeit (Röm 6,18). Die Glaubenden sind also aktiv auf die Gerechtigkeit ausgerichtet. Mit den Motiven des Dienens und der Freiheit spielt Paulus in den folgenden Versen. Resümierend kann festgestellt werden, dass Paulus von einer *qualifizierten Freiheit* spricht, die eine *Bindung an die Gerechtigkeit* bedeutet (Röm 6,20–23). Und am Ende dieses wichtigen Abschnitts erscheint wieder das Motiv des Lebens, das von Paulus dem Tod entgegengesetzt wird. Er fügt ein weiteres und hilfreiches Stichwort ein, wenn er davon spricht, dass der καρπός, die Frucht der Sünde in den Tod führt (V.21), dass die von der Sünde Befreiten aber die Frucht zur Heiligung haben, deren

[45] Wird der Ausdruck καινότης ζωῆς so aufgefasst, dann wird der Genitiv ζωῆς als ein *genitivus epexegeticus* aufgefasst, der den Ausdruck καινότης erläutert.

Ziel und zugleich die Gabe Gottes wieder die ζωὴ αἰώνιος, das *ewige Leben in Jesus Christus unserem Herrn* ist (V.23).

Wie konkret sich Paulus die Veränderung des durch Gerechtigkeit bestimmten Lebens vorstellt, lässt seine Korrespondenz mit der Gemeinde in Korinth deutlich erkennen. Diese steht ausdrücklich unter dem Vorzeichen der soteriologischen Dimension der Gerechtigkeit (1Kor 1,30). In den ganz konkreten Lebenskonflikten wird diese von Gott gegebene Gerechtigkeit zum Maßstab der glaubenden Existenz. Und im Galaterbrief ruft Paulus die *Frucht des Geistes* auf (Gal 5,22–24), die er dort den *Werken des Fleisches* (V.19) entgegensetzt. Diese *eine* Frucht des Geistes benennt er als *›Liebe, Freude, Frieden, Geduld, Freundlichkeit, Rechtschaffenheit, Treue, Sanftmut, Selbstbeherrschung‹. Gerechtigkeit*, δικαιοσύνη ist in letzter Konsequenz *erfülltes Leben*, das in den relationalen Lebensvollzügen konkret wird. Gerechtigkeit hat auch für Paulus eine eminente *ethische* und damit *relationale Dimension.*

2.3 Ambivalenz und Gewissheit

Die Gerechtigkeit als Gabe bestimmt das Denken des Paulus.[46] Aber auch Paulus spricht vom Gericht, also von einer *juridischen Gerechtigkeit*. Das tut er in Röm 1f. in einer zweifachen Weise. Er weiß vom Gericht aufgrund der Sünde der Menschen in der Gegenwart (Röm 1,18–32). Dieses *präsentische* Gericht Gottes besteht darin, dass Gott die Menschen ihren Sünden überlässt. Es ist ein grausames Gericht, ist doch mit der Sünde der Tod bereits in der Gegenwart der Menschen wirksam. Paulus weiß auch von einem futurisch-eschatologischen Beurteilungsgericht nach Werken, dem jeder Mensch ausgesetzt sein wird (Röm 2). Interessant ist, dass der Ausdruck δικαιοσύνη (Gerechtigkeit), in diesen Passagen über das Gericht Gottes nicht erscheint. Es ist aber von den Gerechten, von den δίκαιοι, die Rede. Und natürlich ist es der gerechte Gott, der in seinem Urteil Lohn und Strafe angemessen verteilt.[47] Die Gerechten sind diejenigen, die nicht nur vom Willen Gottes hören, gerechtfertigt sind sie vielmehr, insofern sie das Gesetz, den Willen Gottes erfüllen (Röm 2,13). Wie Paulus in seiner folgenden Argumentation weiter entfalten wird,[48] leistet das kein Mensch wegen seiner Verfallenheit an die Sünde, weshalb alle Menschen auf die *Gabe* der Gerechtigkeit durch das Christusgeschehen angewiesen sind, um an dieser ἡμέρα ὀργῆς, an diesem *Tag des Gerichts*

---

[46] Zum Motiv der Gabe bei Paulus vgl. jetzt umfassend Barclay, Paul and the Gift (s. Anm. 43).

[47] Wie das Evangelium nach Röm 1,17 geoffenbart wird (ἀποκαλύπτεται) so wird nach Röm 1,18 auch die ὀργὴ θεοῦ, das Gericht Gottes geoffenbart werden (ἀποκαλύπτεται). Das handelnde Subjekt ist jeweils derselbe Gott. – Zu Gottes Gerechtigkeit in seinem Gerichtshandeln vgl. Röm 3,5f.

[48] Röm 5,12–21.

vor Gott bestehen zu können. Ohne die umfassende Zueignung der Gerechtigkeit im Christusgeschehen bliebe nur das Vernichtungsurteil Gottes im Endgericht.[49]

Noch einmal führt uns Paulus in Röm 8,31-39 in den Gerichtssaal Gottes beim Endgericht. Er stellt die rhetorische Frage: ›Wenn Gott für uns ist, wer kann gegen uns sein?‹ Dass Gott *für* uns Menschen ist, sieht Paulus im Christusgeschehen eindeutig gemacht (Röm 8,32), da gibt es für ihn keine Ambivalenz. Und er fragt weiter: ›Wer wird gegen die Erwählten Gottes anklagen?‹ Dem virtuellen Ankläger tritt in dieser Szene Christus, der gestorben ist, und noch viel mehr, der auferstanden ist und zur Rechten Gottes ist, wie ein Verteidiger und zusätzlich mit richterlicher Macht versehen entgegen (Röm 8,34).[50] Und dann folgen die großartigen Sätze, mit denen Paulus die Gewissheit des Christusglaubens ausdrückt: ›Nichts kann uns mehr scheiden von der Liebe Gottes [...]‹ (Röm 8,35-39).

Bliebe der glaubende Mensch auf sein Handeln verwiesen, so wäre er angesichts der ἡμέρα ὀργῆς, angesichts des *Tages des Gerichts* mit einer von ihm nicht zu lösenden *Ambivalenz* konfrontiert. Sein finaler Zugang zum Leben bliebe offen. Die Existenz in einem θνητὸν σῶμα, in einem ›sterblichen Leib‹, die Existenz in der Endlichkeit (Röm 6,12) ist tatsächlich vielen Ambiguitäten, aber auch manchen Ambivalenzen ausgesetzt, die nach Paulus auch für die Glaubenden nicht aufgehoben sind. Auch der glaubende Mensch bleibt sterblich. Der Glaube, so Paulus, bedeutet aber die letzte Gewissheit, dass die Gerechtigkeit Gottes das unverbrüchliche Leben für die Glaubenden meint. Dass diese Gewissheit bei Paulus eine solche ist, die durch den Geist Gottes, der die Existenz der Glaubenden bestimmt, vermittelt ist, kann hier nur noch angemerkt werden.[51]

---

[49] Zur Gerichtsvorstellung im Röm vgl. Christof Landmesser, Eschatologie im Galaterbrief und im Römerbrief, in: Hans-Joachim Eckstein/Christof Landmesser/Hermann Lichtenberger (Hg.), unter Mitarbeit von Jens Adam und Martin Bauspieß, Eschatologie – Eschatology. The Sixth Durham-Tübingen Research Symposium: Eschatology in Old Testament, Ancient Judaism and Early Christianity (Tübingen, September 2009), WUNT 272, Tübingen, 2011, 229–246: 237–242 (mit weiterer Literatur).

[50] Dass der Verteidiger zugleich die richterliche Macht hat, ergibt sich daraus, dass Paulus von ihm sagt: ὃς καί ἐστιν ἐν δεξιᾶ τοῦ θεοῦ (Röm 8,34).

[51] Zur Bedeutung des Geistes für die christliche Existenz vgl. Christof Landmesser, Der Geist und die christliche Existenz. Anmerkungen zur paulinischen Pneumatologie im Anschluß an Röm 8,1–11, in: Ulrich H.J. Körtner/Andreas Klein (Hg.), Die Wirklichkeit des Geistes. Konzeptionen und Phänomene des Geistes in Philosophie und Theologie der Gegenwart, Neukirchen-Vluyn 2006, 129–152.

3. Schlussbemerkung

Bei Paulus und im Matthäusevangelium erschließt das Konzept der *Gerechtigkeit* eine Ambiguität hinsichtlich seines Bedeutungshorizonts. Die Konzepte von Gerechtigkeit haben jeweils eine christologisch-soteriologische und theologische, eine ethisch-relationale und eine juridische Dimension. Und auch die angedeutete Ambivalenz angesichts des Endgerichts stellt sich - zumindest zunächst - in beiden Textkorpora ein. Und nun geschieht etwas scheinbar Paradoxes. Die Ambivalenz hinsichtlich des Endgerichts wird in der Theologie des Paulus über die Gewissheit des Glaubens unterlaufen, nicht so im Matthäusevangelium. Nach dem Matthäusevangelium bleibt die existentielle Ambivalenz hinsichtlich des Endgerichts bestehen. Eine mögliche Ambivalenztoleranz hilft dem Jünger nicht, geht es doch um seine eschatologische Existenz. Der Jünger nach dem Matthäusevangelium ist zu einer stets von ihm geforderten Desambiguierung seiner eigenen Existenz herausgefordert, insofern er die von ihm erwartete Gerechtigkeit immer ganz zu erfüllen hat. Eine von solchem Zwang zur Desambiguierung befreite Perspektive findet sich in der Theologie des Paulus. Die eschatologische Vereindeutigung des Gottesverhältnisses geschieht im Glauben, der als Gabe verstanden wird. Die Glaubenden können in ihrem *endlichen Dasein* (ἐν τῷ θνητῷ σώματι) gelassen mit den ihnen begegnenden Ambiguitäten leben und umgehen, weil ihre Existenz in der ihnen von Gott zugespielten Gerechtigkeit im Glauben gründet.

Zur Archäologie des islamischen Gerechtigkeitsbegriffs im Koran

Sprache und Schöpfungsordnung als Elemente einer koranischen ›Verzauberung der Welt‹

Angelika Neuwirth

Die Erforschung koranischer Begriffe steckt noch in den Kinderschuhen.[1] So ist auch für unseren Gegenstand, »Gerechtigkeit«, gegenwärtig noch nicht viel mehr als die Vorstellung einer Fallstudie möglich. Es fehlt noch immer ein historisches Lexikon zum Koran, das koranische Begriffe kontextualisiert – ein besonders dringliches Desiderat angesichts der literarischen Gattung des Koran, der keine vorbedachte Abhandlung ist, sondern einen Kommunikationsprozess spiegelt. Begriffe bilden sich hier allmählich, in bestimmten Debatten heraus, die von Fall zu Fall erst zu rekonstruieren sind. So wird man auch, wenn man den Koran, wie es sich allmählich durchsetzt, als spätantiken Text[2] liest und nach Entsprechungen für die in den Nachbarkulturen schon ausdifferenzierten Gerechtigkeitsbegriffe sucht, nicht gleich fündig: Schon terminologisch entspricht dem griechischen *dikaiosyne*[3] bzw. *dikaios* kein individueller Terminus, noch gibt es eine eindeutige Entsprechung für das hebräische *ṣedeq*.[4] *ṣedeq* ist in den Koran zwar etymologisch eingegangen, die arabische Form, *ṣidq*, hat dort aber vor allem die Bedeutung von ›die Wahrheit sprechen‹.[5] Gewiss, es gibt die Weisung zu ›gerechtem Messen‹, *qisṭ,* in der

---

[1] Die inzwischen vorliegende Encyclopedia of the Qur'an, ed. by Jane McAuliffe, 5 Bde., Leiden 2000–2005, kann sich mit den Begriffswörterbüchern zur Bibel und biblischen Tradition nicht messen, da sie, statt die Begriffsentwicklung im Koran zu verfolgen, sogleich Auskunft bei den mehrere Jahrhunderte jüngeren Kommentaren einholt.

[2] Angelika Neuwirth, Der Koran als Text der Spätantike. Ein europäischer Zugang, Berlin 2010.

[3] Siehe dazu Gedalyahu G. Stroumsa, Gnostische Gerechtigkeit und Antinomismus: Epiphanes' »Über die Gerechtigkeit« im Kontext, in: Jan Assmann/Bernd Janowski/Michael Welker, Gerechtigkeit. Richten und Retten in der abendländischen Tradition und ihren altorientalischen Ursprüngen, München 1998, 149–161.

[4] Siehe den Beitrag von Hermann Spieckermann in diesem Band.

[5] Q 3:95 und oft.

alltäglichen Praxis,[6] die auch eine Deutung im übertragenen Sinn zulässt, doch fehlt ein Abstractum »Gerechtigkeit« im Sinne eines verinnerlichten Rechtsverständnisses.

Gottes Absicht bei der Weltschöpfung, *ḥaqq*, ›Recht‹ zu etablieren, kommt ›Gerechtigkeit‹, *ṣedeq*, in der hebräischen Bibel noch am nächsten, zumal Gott dasselbe Ziel, *ḥaqq*, auch in seiner Richterfunktion verfolgt. ›Gerecht zu richten (oder auch: zu herrschen)‹ *al-ḥukm bi-l-ḥaqq*, wohl *mishpat ṣedeq* entsprechend, bleibt im Koran aber eine Prärogative Gottes. Nur einer einzigen historischen Figur, dem messianischen König David, wird ein *ḥukm bi-l-ḥaqq* zugetraut.[7] Aber obwohl sich in Versen wie Q 15:85 (und öfter):

> Wir erschufen den Himmel, die Erde und was dazwischen einzig in Gerechtigkeit (*bi-l-ḥaqq*)

das biblische Bild

> Die Himmel verkünden seine Gerechtigkeit, denn er ist ein Gott, der richtet (Ps 50,6)

reflektiert, spielt hier wohl keine direkte Verbindung zu der hebräischen Vorstellung von Gerechtigkeit mit, die mit dem offenbarten Gesetz verbunden ist.

Noch auch ist die auf Paulus zurückgehende Transformation der Gerechtigkeitsidee durch Verinnerlichung, durch die der Glaube selbst zur Rechtfertigung des Sünders vor Gott wird, in der mekkanischen Verkündigung reflektiert. Dennoch gibt es, wie gezeigt werden soll, auch im Koran ein verinnerlichtes Verständnis von göttlicher Gerechtigkeit.

Auf menschlicher Ebene wird die Richterfunktion an eine andere Qualifikation gebunden, an ›Ausgeglichenheit‹, *`adl.* Dieser sich erst in medinischer Zeit herausbildende Terminus, im konkreten Sinne das Ausgewogensein der beiden Satteltaschen auf einem Reittier bezeichnend, der in vielen Fällen mit ›Gerechtigkeit‹ übersetzt werden kann, ist offenbar eine arabische Neuprägung, seine Bedeutung oszilliert noch lange zwischen mentaler ›Ausgeglichenheit‹ und konkreter ›Ersatzleistung‹. Er begegnet zunächst auch nicht als ethische Devise, sondern eher als juristische Minimalanforderung an Streitschlichter bei ganz konkreten Rechtsfragen. Diese müssen *`adl* aufweisen, d.h. ›ausgeglichen‹, unvoreingenommen, ›gerecht‹ sein.[8]

---

[6] Q 55:9, 57:25 und öfter vom Wiegen. Dazu gehört das Instrument der Waage, *qisṭās*, siehe Sonja Brentjes/Jürgen Renn, The Arabic Transmission of Knowledge on the Balance, Berlin 2013.

[7] Q 38: 26 ›So richte/herrsche über die Menschen in Gerechtigkeit…‹.

[8] Q 4:106 und öfter.

1. Gericht

Trotz dieser terminologischen Unentschiedenheit, dem Nebeneinander von *ḥaqq*, *qist* und *ʿadl*, ist es keine Übertreibung zu sagen, dass eine ›Inszenierung von Gerechtigkeit‹ wie ein monumentales Deckengemälde die gesamte koranische Rede überwölbt: das Jüngste Gericht, *dīn*. Gott als der himmlische Richter wird bereits in der *Fātiḥa*,[9] der Eingangssure, die im täglichen Gebet viele Male gesprochen wird, als der ›über dem Gerichtstag Thronende‹ angerufen: *mālik yaum al-dīn*. Das Bild reflektiert sich in zahlreichen Suren, etwa in Q 95, wo Gott ›der gerechteste Richter‹, *aḥkam al-hākimīn,* genannt wird.[10] In der Tat sind die aus der altorientalischen Mythologie bekannten Paraphernalia des Gerichts, die himmlischen Schreiber (Q 10:15), das Schreibrohr (Q 68:4), der Richterthron (Q 9:29), die sorgfältig geführten Register der Taten (Q 54:53), sogar die Waagschalen zur Messung des Gewichts der Taten (Q 7:8, 9) im Koran alle präsent, wie auch das Procedere der Rechenschaftseinforderung in zahlreichen Suren bildhaft dargestellt wird. Nicht zuletzt werden auch die Orte der Vergeltung, die die Gerichteten erfahren, ausgemalt: Hölle und Paradies. – Die Erwartung des *yaum al-dīn*, auch seine Ausmalung, sind natürlich ebenso wie seine Bezeichnung selbst monotheistisches Erbe, bemerkenswert ist aber, dass dieses im Koran in eine besondere Theologie eingebunden wird, von der noch zu sprechen sein wird.

Zunächst aber die Frage: Über was wird hier gerichtet? Schon früh gibt es Tugendkataloge, die den Paradieseintritt der Seligen nachträglich begründen, umgekehrt Lasterkataloge zur Rechtfertigung der Bestrafung der Verdammten, in denen stets die Erfüllung kultischer *und* ethischer Verpflichtungen gemeinsam zur Debatte stehen. Doch wie verhält sich das Tun und Leiden der Menschen zu der oft betonten Alleinverfügung Gottes über das Geschehen in der Welt? Diese Frage – obschon im Koran mehrfach angestoßen – bleibt im Koran noch unbeantwortet. Sie wird erst Gegenstand der Debatte im zweiten islamischen Jahrhundert, und zwar lanciert durch die sog. Muʿtazila, eine – auch von der heutigen Islam-Theologie als Modell wiederentdeckte – philosophisch gebildete Theologengruppe.[11] In dieser Zeit hat sich bereits das Wort

---

[9] Siehe dazu den Kommentar bei Angelika Neuwirth, Der Koran Bd. 2: Frühmittelmekkanische Suren. Das Neue Gottesvolk. Handkommentar mit Übersetzung (in Druck) und dies., Sure 1: Die Eröffnende (al-fātiḥa), URL: http://corpuscoranicum.de/kommentar/index/sure/1/vers/1 (Zugriffsdatum: 16.08.2016).

[10] Siehe dazu den Kommentar bei Angelika Neuwirth, Der Koran Bd. 1: Frühmekkanische Suren, Poetische Prophetie. Handkommentar mit Übersetzung, Berlin 2011, ad loc.

[11] Siehe dazu jetzt Sabine Schmidtke, Rationale Theologie, in: Rainer Brunner (Hg.), Islam. Einheit und Vielfalt einer Weltreligion, Stuttgart 2016, 167–190.

ʿadl für Gerechtigkeit durchgesetzt. Die Muʿtaziliten insistieren auf der ›Gerechtigkeit Gottes‹. Gerecht ist Gott deswegen, weil er die Menschen – so die These dieser Denker – als mündige Wesen richtet, für Handlungen, die sie in voller Willensfreiheit begangen haben, nicht – wie ihre Gegner, die Vertreter der Prädestination es annehmen – für etwas, was ihnen ohnehin bestimmt gewesen war. *ʿAdl* eignet Gott daher sogar ebenso essentiell wie seine Einheit, ist sogar die Voraussetzung für seine Einheit. Die Vertreter dieser Richtung nannten sich deswegen *ahl al-ʿadl wa-tauḥīd*, ›Verfechter der Gerechtigkeit und Einheit Gottes‹.

Die Frage der Willensfreiheit bleibt weiterhin – bis heute – kontrovers,[12] sie ist im Koran nicht eindeutig geklärt – nicht zufällig wurde in der frühen Theologie noch vorwiegend göttliche Vorbestimmung vertreten. Bei der Frage der Gerechtigkeit ging es dabei nicht nur um die jenseitige Abrechnung über die Lebensführung des einzelnen, sondern mehr noch um die diesseitige Verantwortung der Glaubensgemeinschaft, also die Sorge um eine gerechte, d.h. göttlich berechtigte Herrschaft, *ḥukm*. Diese Herrschaft war seit dem Tode des Propheten von Anfang an umstritten. Seit aber die ›Gefährten‹ des Propheten – die vier ersten ›rechtgeleiteten‹ Kalifen – von der politischen Bühne abgetreten oder von ihr verdrängt waren, wurde die Frage brisant: Konnten Herrscher, die nachweislich elementare koranische Gebote missachteten, die sich also als Stellvertreter Gottes auf Erden, *khalīfa* (Q 2:30), disqualifiziert hatten, die *ẓālim*, ›ungerecht‹, waren, an der Spitze der Gemeinde stehen? Vieles sprach dafür, sie gewähren zu lassen. So konnten polemisch herausgeforderte frühe Herrscher ihren Status mit einem Koranvers rechtfertigen, nach welchem ihre Herrschaft, so wie sie war, göttlicher Bestimmung entsprach. In einer freien Übertragung des Gebets der Hanna aus dem Samuelbuch (1Sam 2,1–8) in den Koran heißt es in Sure 3:26: ›Du gibst die Herrschaft wem du willst und du nimmst die Herrschaft wem du willst.‹ Dieser Koranvers wurde von dem eigentlichen Gründer des islamischen Reiches, ʿAbdalmalik ibn Marwān, 691 als Legitimation seiner Herrschaft in der von ihm kommissionierten Inschrift im Inneren des Felsendoms zitiert. Die notwendige Verkörperung von Gerechtigkeit durch den Herrscher wurde zum Streitpunkt – nach der Meinung einer großen Gruppe der Quietisten war gottgefälliges Leben des einzelnen ungeachtet der politischen Ungerechtigkeit, des *ẓulm* der Herrscher, zumindest im kultischen Bereich aufrecht zu erhalten. Zugespitzt wurde diese Haltung ausgedrückt in dem Spruch: ›Vierzig Jahre unter einem ungerechten, *ẓālim*, Herrscher sind ›besser‹, d.h. weniger schlimm, als eine einzige Nacht ohne Imam‹, d.h. ohne die Möglichkeit, seinen kultischen Pflichten nachzukommen. Die Erbringung der Gott geschuldeten Leistung der Riten, die per-

---

[12] Siehe zu der Entwicklung Majid Fakhri, Ethical Theories in Islam, Leiden 1991.

sönliche Gerechtigkeit, erscheint bedeutender als die äußere, politische Gerechtigkeit.

Eine solche Marginalisierung von öffentlich repräsentierter Ethik wäre mit der koranischen Verkündigung unvereinbar gewesen, wo kultische und ethische Pflichten immer eng verbunden sind. – Und damit sind wir wieder beim Koran angekommen. Zu dessen spätantikem Kontext noch einige Vorbemerkungen:

2. Gottesbund versus tribale Ordnung

So wenig wir über den religiösen Bildungs- und Erwartungshorizont der ersten Hörer wissen, unter denen wir sowohl Pagane als auch Synkretisten annehmen müssen, so deutlich zeichnet sich doch in der koranischen Verkündigung eine Reformabsicht ab. Die Verkündigung implementiert ja nicht nur anstelle eines etwas lockeren Henotheismus, der u.a. die Verehrung von Nebengottheiten, vielleicht den ›gefallenen Engeln‹ des Ersten Henochbuches entsprechend, zuließ, einen strikten Monotheismus. Sie ersetzt vor allem menschliche, tribale Loyalitäten durch das Vertrauen in Gott. Die tribale Ordnung der Umwelt gab für die Stammeselite einen Verhaltenskodex vor, der im Interesse des öffentlichen Ansehens des Clans hohe Ansprüche an den einzelnen stellte, vor allem seinen Umgang mit Besitz ganz unpragmatischen Prinzipien unterwarf. Die als Gastfreundschaft zu praktizierende verschwenderische Großzügigkeit sollte dem einzelnen Privilegierten und seinem Clan bleibenden Nachruhm einbringen, sie war jedoch bezahlt mit oft bitterer Armut der sozial Benachteiligten. Dieser Missstand wird bereits in der altarabischen Dichtung öfter angesprochen, nicht aber ernsthaft kritisiert.

Im Koran wird er zum Problem: Denn soziale Verantwortung wird nun entscheidend für das jenseitige Heil des einzelnen. Im rein diesseitig ausgerichteten tribalen Milieu maßen sich Wert und Unwert einer Handlung rein äußerlich an ihrer Zuträglichkeit für den Clan, es gab keine darüberstehende Autorität, die Exzessen hätte Einhalt gebieten können. Handlungen folgten dem heroischen Ethos der ›Mannestugend‹, *murūwa*, etymologisch unserem *virtus* entsprechend, ohne an anderen als utilitären Kriterien gemessen zu werden.

Wenn die koranische Verkündigung nun anstelle dieses »tribalen Paktes« eine Art Gottesbund etabliert, so stellt sie damit die soziale Ordnung auf den Kopf. Das darf nicht als eine von oben verfügte Ersetzung eines Weltbildes durch ein anderes verstanden werden. Natürlich gehört die koranische Reform in den Kontext eines in Arabien auch sonst zu beobachtenden Aufbruchs, denn spätantike »religiöse Mutationen«, wie Guy Stroumsa sie (bereits im

Untertitel seines Buches) nennt,[13] vor allem die Entdeckung der Innerlichkeit, der *epimeleia heautou*, hatten auch im paganen Milieu längst Zweifel an der exklusiven Gültigkeit des heroischen Weltbildes der tribalen Gesellschaft gestreut. Was aber im Koran wirklich neu hinzukommt ist das Konzept der Prophetie, das alle früheren Medien der Vermittlung zwischen empirischer und übernatürlicher Realität ausschaltet. Zugleich mit den Propheten gewinnt nämlich »Schrift« eine bis dahin ungekannte Autorität. Insofern Propheten zu den Übermittlern des in der transzendenten »Schrift« festgehaltenen Wortes Gottes aufrücken, nimmt die Wahrnehmung der empirischen Welt für die Hörer der Verkündigung text-referentielle Züge an. Die Wertigkeit von Handlungen misst sich nicht mehr an den hergebrachten sozialen Strukturen, sondern an den Weisungen der »Schrift«.

Gottes Lehre an die Menschen wird dabei als bereits primordial ergangen vorgestellt. Eine der im Gottesdienst häufig zitierten Suren Q 55 beginnt:

Al-raḥmān/	Der Barmherzige/
`allama l-qur'ān/	lehrte die Lesung,/
Khalaqa l-insān/	erschuf den Menschen/
`allamahu l-bayān/	und lehrte ihn das Verstehen (oder: die klare Sprache).

Die primordial erteilte ›Lehre‹, die der Menschenschöpfung noch vorausgeht, ist gewissermaßen der Anfang eines großen kosmischen Projekts, das mit der Auflösung des Kosmos, unmittelbar gefolgt von der Rechenschaftseinforderung beim Jüngsten Gericht, sein vorläufiges Ende findet. Bereits in Frühmekka wird die Grundlage für dieses besondere koranische Bundesdenken gelegt, bei dem zwei Anfangssetzungen, Schöpfung und göttliche Lehre, zwei Endsetzungen, die Auflösung der Schöpfung und die Einlösung des Pfandes der Lehre am Jüngsten Tag, gewissermaßen ›vorprogrammieren‹. Das Leben in der Welt ist nun von einem göttlich gestifteten Anfang und einem entsprechenden Ende umfangen.

Dieses neue Modell eines in der Welt immanenten Gottesbundes ist in seiner Auswirkung kaum zu überschätzen. Denn Gott als der Bündnispartner und Verwirklicher eines Heilsplans tritt an die Stelle des Schicksals, *al-dahr* (Q 45:24, Q 76:1), oder *al-manūn* (Q 52:30), das im paganen Denken willkürlich ohne Plan über Leben und Tod des Menschen entschieden hatte. Andras Hamori[14] hat die Allpräsenz des blinden Schicksals als den essentiellen Beweggrund für die heroisch-exzessive – jedem Gerechtigkeitsdenken ferne – Lebensweise der paganen Araber überzeugend dargestellt: Dem Verhängnis

[13] Guy G. Stroumsa, Das Ende des Opferkults. Die religiösen Mutationen der Spätantike, München 2013.

[14] Andras Hamori, The Art of Medieval Arabic Literature, New York 1974.

des Schicksals kann man nur durch die selbst provozierte Vorwegnahme seines Schlages begegnen, indem man mit einem selbstzerstörenden Lebenswandel sein Ende selbst beschleunigt. Die koranische Verkündigung beansprucht dagegen den Tod als Teil des göttlichen Heilsplans. Er ist nicht das Ende der menschlichen Zeit, sondern nur der Übergang zum Gericht und der Gerechtigkeit stiftenden Vergeltung. Das pagane, auf ein zyklisches Zeitverständnis gestützte Weltbild, wird damit einer linearen Zeit unterstellt, die vor die Schöpfung zurück- und mit der eschatologischen Endzeit über sie hinausreicht und so Geschichte als eine longue durée kontinuierlichen göttlichen Wirkens erkennbar macht.

3. Gottes Gerechtigkeitshandeln im geographischen Raum

Das von der Verkündigung angestoßene Umdenken betrifft auch den Raum. Schon die altarabische Dichtung hatte den lokalen Raum problematisiert. Gedichte begannen stereotyp mit einer Klage an den ›verfallenen Lagerstätten‹, der Dichter erinnerte sich nostalgisch der Vergangenheit, als an den nun in Ruinen liegenden Siedlungen noch soziales Leben pulsierte, das ihm vielfache ästhetische und erotische Erfüllung bot. Die verfallenen Orte bringen ihm die Vergänglichkeit und Vergeblichkeit, oft als Ungerechtigkeit des Schicksals bezeichnet, menschlicher Errungenschaften zu Bewusstsein. Die Frage nach dem *Ubi sunt qui ante nos in mundo fuere* hängt über diesen Dichterklagen. Nur kraft seiner Selbstbesinnung auf seine Furchtlosigkeit und die Ausdauer seines Reittiers kann er sich aus seiner Beklemmung lösen und am Ende des Gedichts zu einem zuversichtlichen Blick auf die Realität finden. Es ist keine Übertreibung zu sagen, dass das altarabische Gedicht in Ermangelung religiöser Zeremonien nicht zuletzt Medium der Kontingenzbewältigung war – einer Kontingenzbewältigung, deren Wirkung aber begrenzt war und die deshalb immer wieder durch weitere Gedichte und Vorträge erneuert werden musste, ohne eine kollektive Erneuerung in Aussicht zu stellen.

Diese Kontingenzbewältigung wird mit der koranischen Verkündigung nun verstetigt. Auch das Rätsel der in Ruinen liegenden Siedlungen wird gelöst. Die nicht nur in der Dichtung, sondern auch im Koran thematisierten Ruinen sind im Koran nicht Resultat von Naturkatastrophen, von willkürlichen Schicksalsschlägen, sondern das Werk der Menschen selbst. Der Koran berichtet von einer Anzahl von göttlichen Vergeltungsschlägen – nach dem Muster der Zerstörung von Sodom und Gomorra in der biblischen Lot-Geschichte –, die die auf der Halbinsel lebenden alten Völker getroffen haben, weil diese ein gottloses Leben führten, konkret: weil sie den ihnen gesandten Gottesboten nicht folgten. Sie selbst haben also die Vernichtung ihrer Wohnstätten herbeigeführt. Die Ruinen werden so aus aporieauslösenden Stätten der Entmutigung zu *lieux de mémoire* göttlichen Gerechtigkeitshandelns.

Zeit und Raum sind also durch das neue Gottesbundparadigma radikal umgedeutet worden. Die empirische Welt wird mit einer neuen Schriftreferentialität überlagert, die ihre Dimensionen substantiell erweitert – die kurze Menschenzeit ist in die Vorzeit zurück und in die Eschatologie voraus verlängert worden, der leer erscheinende Raum ist durch relevante Geschichte gefüllt worden. Alle Dinge sind durch neue, Gerechtigkeit involvierende Sinngebungen gewissermaßen überwölbt, sie stehen in einer Beziehung zu dem in der Schrift bewahrten Gotteswort. Den Paganen entgleitet damit die Kontrolle über ihre ihnen bis dahin überschaubar erachtete Welt, eine Erfahrung, die sie sich nur – wie eine große Anzahl von Suren bezeugt – als vom Verkünder bewirkte Manipulation, als »Verzauberung« der Welt[15] erklären können. Interessant ist nun, mit welchen Textstrategien diese »Verzauberung« erreicht wird. Die folgende Fallstudie soll dazu ein Beispiel liefern.

4. Q 90: Die koranische Ableitung von Gerechtigkeit

Ich komme nun zu einer exemplarischen Sure, Q 90, »Die Stadt«,[16] in der – meiner Deutung zufolge – eine Grundlegung von *`adl*, von Gerechtigkeit, zu finden ist.

Der Text lautet in der Übersetzung von Friedrich Rückert:

1 Soll ich schwören bei dieser Stadt,

2 – du bist doch Bewohner dieser Stadt –

3 bei einem, der zeugte und dem, was er gezeugt hat:

4 Wir schufen den Menschen zu schwerer Tat (oder : in Beschwerlichkeit).

5 Glaubt er denn, dass keiner Gewalt über ihn hat?

6 Er spricht: ›Ich habe viel Gut vertan.‹

7 Glaubt er, dass ihn keiner gesehen hat?

8 Haben wir ihm nicht zwei Augen eingesetzt

---

[15] Das arabische Wort dafür ist *siḥr*, ›Zauber‹, Q 54:2 und öfter. Siehe dazu Angelika Neuwirth, Die Autopsie des Mondes. Vom kosmischen Körper zum kalligraphischen Prophetenbild, in: Reinhard Feldmeier/Monika Winet (Hg.), Gottesgedenken. Erkenntnis, Eschatologie und Ethik in Religionen der Spätantike und des frühen Mittelalters, Tübingen 2016, 123–134.

[16] Siehe dazu den Kommentar bei Neuwirth, Koran 1 (s. Anm. 9), ad loc.

9 und eine Zunge und zwei Lippen?
10 Und ihn die beiden hohen Wege hinaufgeführt?

11 Er aber hat den Steilweg nicht erklommen.
12 Weißt du was ist der Steilweg?
13 Die Losbindung eines Nackens
14 oder die Speisung am Tag der Hungersnot
15 einer Waise aus der Verwandtschaft
16 oder eines Armen, der im Staub liegt.

17 Dann gehört er zu denen, die glauben
und sich zur Geduld anspornen
18 und sich zur Barmherzigkeit anspornen,
19 die sind die Genossen der rechten Hand.
20 Die aber, die leugnen unsere Zeichen,
die sind die Genossen der linken Hand.
21 Über ihnen lodernder Brand![17]

Sure 90 ist betitelt »Die Stadt«, *al-balad*. Damit ist der räumliche Nucleus des Koran angesprochen. Der Koran als ganzer ist in der Stadt verortet. Ländereien, Plantagen, üppige Gärten werden zwar als göttliche Gaben im Besitz privilegierter Zeitgenossen bewundert, aber nicht als Schauplatz relevanten Handelns anerkannt – selbst das Paradies, der Ort des ewigen Mahls, ist mit städtischen Artefakten ausgestattet. Die Stadt Mekka, in den frühen Suren als Ort eines Heiligtums, einer früheren göttlichen Theophanie gepriesen, steht im Mittelpunkt der ältesten Suren: Nicht von ungefähr leitet der Schwur ›Bei Feigenbaum und Ölbaum, beim Berg Sinai und dieser geheiligten Stadt‹ eine der frühesten Suren, Q 95, ein.[18] Einer plausiblen These von Ludwig Ammann[19] zufolge ist die mekkanische Verkündigung ein Versuch, die vorher nur in der Dichtung gestellte Sinnfrage, die Frage nach dem *ubi sunt qui ante nos in mundo fuere*, nach dem Sinn im Angesicht der Vergänglichkeit, mit dem etwas vernachlässigten Ritus am Heiligtum der Kaaba zu verbinden und die Stadt durch Kultintensivierung auf ein neues, religiöses Niveau zu heben. Zahlreiche Koranverse rufen zu einer Verinnerlichung des Kaaba-Kultes auf.

---

[17] Die eingezogenen Verse sind späterer Zusatz, siehe unten.
[18] Siehe dazu den Kommentar bei Neuwirth, Koran 1 (s. Anm. 9), ad loc.
[19] Ludwig Ammann, Die Geburt des Islam. Innovation durch Offenbarung, Essen 2005.

Dass hinter diesem neuen ›Stadt-Bild‹ noch mehr steht, nämlich die Vision einer idealen Stadt, soll an der frühen Sure 90 gezeigt werden.

Q 90 plädiert für eine Idealstadt, in der Gerechtigkeit herrscht. Im Mittelpunkt steht der Umgang mit Besitz, die Alternative von prestigebringender exzessiver Großzügigkeit und karitativer Fürsorge. Dieser Text zeigt, dass die koranische Verkündigung zwar auf biblischen Texten aufbaut, dass sie zwar ganz konkrete alttestamentliche Traditionen samt ihren neutestamentlichen Interpretationen kennt, dass sie sich von ihnen aber zu noch neueren Deutungen herausfordern lässt, indem sie auch altarabische Traditionen verhandelt, und vor allem arabisches Sprachdenken einbezieht. Der Koran dokumentiert von Anfang an nicht nur eine Biblisierung arabischen Wissens, sondern auch eine Arabisierung biblischer Vorstellungen. Die kurze Sure gehört zu den ältesten Korantexten, die noch ganz im Stil der Psalmen zur Dankbarkeit der Geschöpfe aufruft, dabei aber gleichzeitig eine eigene neue Theologie durchzusetzen versucht.

Sehen wir den Text Vers für Vers an:

Die Sure wird, wie in Frühmekka häufig, eingeleitet mit einer ›Schwurserie‹, einer signalhaften Ankündigung von nicht alltäglicher, mantischer Rede. Schwurserien, ursprünglich Repertoire altarabischer Seher und Wahrsager, markieren mit der Heraufbeschwörung enigmatisch-bedrohlicher Phänomene den übernatürlichen Status ihrer Rede. Den Verweischarakter auf eine sakrale Bedeutung des Gesagten haben auch die koranischen Schwüre bewahrt, wo sie Szenarien des Jüngsten Tages oder heilige Orte oder Zeiten evozieren.[20] Geschworen wird in Sure 90, V.2, bei Mekka, ›dieser Stadt‹, aus der nicht nur der Verkünder selbst stammt, sondern die auch bereits in Q 95 als Ort göttlicher Selbstmitteilung auf Augenhöhe mit dem Berg Sinai gestellt worden war. Der zweite Schwur, V.3, fokussiert die Stadt als Ort gesellschaftlicher Kohärenz, gestiftet durch Blutsbande, durch Vater-Sohn-Genealogien.

Damit sind zwei Begriffsregister eröffnet: das der Topographie, und zugleich des heiligen Ortes, Stichwort ›Stadt‹, und das der menschlichen Physiologie und zugleich der sozialen Kohärenz, Stichwort ›Zeugung‹. Mit diesen beiden semantischen Feldern: der Stadt als topographischem Makrokosmos, und dem Körper als physiologischem Mikrokosmos wird die ganze Sure hindurch argumentiert. Mit der doppelten Anfangssetzung, Schöpfung (durch Zeugung) *und* göttliche Hinwendung (Stiftung des mekkanischen Heiligtums) ist eine eschatologische Erwartung geweckt: auf die Auflösung des Kosmos und die Einlösung des Pfandes der göttlichen Kommunikation beim Jüngsten

[20] Zu den koranischen Schwüren siehe Angelika Neuwirth, Der Horizont der Offenbarung. Zur Relevanz der einleitenden Schwurserien für die Suren der frühmekkanischen Zeit, in: Udo Tworuschka (Hg.), Gottes ist der Orient – Gottes ist der Okzident. Festschrift für Abdoldjawad Falaturi zum 65. Geburtstag, Köln 1991.

Gericht. Diese Erwartung wird – wie in anderen Suren der Zeit auch – zunächst hinausgezögert und erst mit den Schlussversen erfüllt.

Als Schwuraussage (V.4) folgt eine Rüge des Menschen. Sie bescheinigt ihm eine ihm von Schöpfung an eignende Instabilität, im konkreten Fall: Schwerfälligkeit im Verstehen. Nur so ist sein protzendes Beharren auf Verschwendung zu erklären, einer Haltung, die für die – zur Zeit der Koranentstehung noch vorherrschende – diesseitig orientierte Lebenswelt der Beduinen charakteristisch ist. Denn Verschwendung, überhaupt exzessiver Lebensstil, ist Zeichen der bei den Paganen als Tugend gefeierten Geringschätzung pragmatischer Selbstbescheidung, eine Haltung, die der von der Verkündigung propagierten Gottesfurcht und gezügelten Lebensführung konträr ist. ›Er spricht, ich habe viel Gut vertan‹ ist fast wörtliches Zitat aus einem bekannten altarabischen Gedicht. Bei ʿAntara heißt es ›Wenn immer ich trinke, dann bis zum Ruin meines Vermögens!‹ Wie in der Dichtung bekennt sich auch der im Koran zitierte Verschwender stolz zu seinem leichtfertigen Umgang mit Besitz. Für den sich der neuen eschatologischen Verantwortung bewussten Betrachter dagegen zeugt seine Haltung von Unwissen, er ›weiß noch nicht‹ um die auch transzendente Dimension der Wirklichkeit.

Dem paganen Ideal wird mit Argumenten aus der biblischen Tradition begegnet. Zunächst mit einer – an die Psalmen angelehnten – Erinnerung an die besondere physiologische Ausstattung des Menschen, dem Gott, ganz im Tenor psalmistischer Vorstellungen, Sinnesorgane ›eingesetzt‹ hat: Augen zum Erkennen und Lippen zur Artikulation von überlegter Rede (V.8–9), vgl. Ps 40,6 ›Ohren hast du mir gebohrt‹, *oznayim kari'ta li.* Diese Sinnesorgane sind paarig, morphologisch mit einem Dual ausgedrückt. Denn der Mensch ist ›zu schönster Gestalt‹ erschaffen, wie es in Sure 95:4 heißt, seine Gestaltung wird daher auch mit ›harmonischer Formung‹ umschrieben. So heißt es in Q 82:7, wo das Verb *ʿaddala* gebraucht wird, von dem *ʿadl*, das spätere Wort für ›Gerechtigkeit‹ abgeleitet ist: ›der dich erschaffen, fein gebildet und ins Gleichgewicht gebracht hat‹, *alladhī khalaqaka wa-sawwāka wa-ʿaddalaka.*

Die auf die Schöpfung folgende ›Rechtleitung‹ bleibt im Bild der Wege der Stadt, sie führt zu einer Weggabelung, zu einer Entscheidung. Es gilt nun ›den Steilweg, *al-ʿaqaba,* zu beschreiten‹, eine zunächst enigmatische Aufforderung. Mit dieser Einblendung der steilen Wege der Stadt springt die Bildlichkeit für einen Moment vom Physiologischen zum Topographischen um. Die Auflösung des *ʿaqaba*-Rätsels nimmt diese Blickwendung aber sogleich wieder zurück. Der steile Weg steht für physisch gespürte Mühe oder doch physisch gespürten Verzicht, konkret die Erbringung von Entbehrung fordernden sozialen Leistungen wie Freikauf eines Sklaven, Versorgung unbemittelter Verwandter und Speisung desolater Armer (V.11–16), Leistungen, die an der Geschöpflichkeit des anderen orientiert sind. So wird die in V.13 angesprochene Sklavenbefreiung nicht juristisch, sondern mit einer physiologischen

Metapher ausgedrückt, indem der Strick vom Nacken, *raqaba*, des Sklaven gelöst wird. Die Armenspeisung am Tag der Hungersnot dient physischer Erhaltung. Das zuvor auf die Physiognomie des menschlichen Gesichtes geworfene Schlaglicht weitet sich nun auf die Körper der Bedürftigen aus.

An dieser Stelle lässt sich nun deutlich eine Verinnerlichung des Gerechtigkeitsbegriffs erkennen, denn die Sorge für Arme und Obdachlose steht außerhalb des Sittenkanons der tribalen Gesellschaft; den hier karitativ Bedachten wird gegen die gängige Moral Aufmerksamkeit zuteil. Doch wird noch mehr verlangt, eine später, in V.18 als ›Barmherzigkeit‹ bezeichnete Tugend: die Herstellung von unmittelbarer Nähe zu den Bedürftigen, durch die Körperreferenzen ›Nacken‹, ›Hungersnot‹, ›im Staube liegend‹ signalisiert. Wir haben hier einen Fall der von Klaus von Stosch in seinem neuen Buch »Herausforderung Islam. Christliche Annäherungen«[21] demonstrierten ästhetischen und damit auch sinnlichen Dimension des Koran vor uns, die eine emotionale Beteiligung der Hörer provoziert: Der koranische Sprecher scheut sich nicht, auch Körperliches anzusprechen; Körper und Seele werden in der spätantiken Selbstsicht, geprägt von der *epimeleia heautou,*[22] der ›Sorge um das Selbst‹, gleichermaßen geachtet. Stroumsa hat darin eine »religiöse Mutation der Spätantike« gesehen. Dass sie sich auch im Koran manifestiert, lässt sich vor allem durch den Vergleich von Basistexten der Hebräischen Bibel mit ihren koranischen Relektüren aufzeigen.[23]

Gerade diese Bildkohärenz könnte aber leicht über die Tatsache hinwegtäuschen, dass die Sure nicht einfach ein arabischer poetischer Text ist, sondern auch Antwort auf einige in der Spätantike weit bekannte ältere Traditionen ist. Der Gedanke der Befreiung des Gefangenen, zusammen mit dem folgenden der Speisung und Versorgung von Armen in einer Hungersnot reflektiert deutlich den in der Spätantike vielfach zitierten Text Jes 58,6–7:

> Das aber ist ein Fasten, an dem ich Gefallen habe: Lass los, die du mit Unrecht gebunden hast, lass ledig, auf die du das Joch gelegt hast! [...] Brich dem Hungrigen dein Brot, und die im Elend ohne Obdach sind, führe ins Haus! Wenn du einen nackt siehst, so kleide ihn, und entzieh dich nicht deinem Fleisch und Blut!

[21] Klaus von Stosch, Herausforderung Islam. Christliche Annäherungen, Frankfurt 2016.

[22] Siehe dazu Stroumsa, Ende des Opferkults (s. Anm. 13).

[23] Siehe dazu Angelika Neuwirth, Eine ›religiöse Mutation der Spätantike‹. Von tribaler Genealogie zum Gottesbund. Koranische Refigurationen pagan-arabischer Ideale nach biblischen Modellen, in: Almut-Barbara Renger/Isabel Toral-Niehoff (Hg.), Genealogie und Migrationsmythen im antiken Mittelmeerraum und auf der Arabischen Halbinsel, Berlin 2014, 203–232.

Dieser Text wird in der christlichen Tradition neu verstanden: die drei guten Taten qualifizieren für den Eintritt ins ewige Leben. Sie werden, wie Mt 25,31ff. zeigt, um Christi willen vollbracht.

> Wenn aber der Menschensohn in seiner Herrlichkeit kommt [...] werden versammelt werden alle Völker. Und er wird sie voneinander trennen wie der Hirte die Schafe von den Zicklein. Und er wird stellen die Schafe zur Rechten, die Zicklein aber zur Linken. Dann wird sprechen der König zu denen zu seiner Rechten: Hierher ihr Gesegneten meines Vaters, nehmt in Empfang als euer Erbe die Königsherrschaft, die für euch vorbereitet ist von Anbeginn der Welt. Denn ich war hungrig, und ihr habt mir Speise gegeben, ich war durstig und ihr habt mir zu trinken gegeben, ich war gefangen, und ihr seid zu mir gekommen. Dann werden die Gerechten sagen: Herr, wann haben wir dich hungrig gesehen und dich gespeist, [...] wann haben wir dich im Gefängnis gesehen und sind zu dir gekommen? – Der König wird zu ihnen sagen: [...] So oft ihr dies getan habt an einem meiner geringsten Brüder, habt ihr es an mir getan.

Obwohl der koranische Text wie das Evangelium im Schlussteil von den Rechten und Linken (V.17–21) und ihrer Vergeltung am Jüngsten Tage spricht, reflektiert er doch nichts von dessen besonderer Deutung des Jesaja-Textes. Die in diesem Text bereits erfolgte Verinnerlichung der Gerechtigkeit, die ihr den Charakter eines Glaubenszeugnisses gibt,[24] wird in der Sure nicht mitvollzogen. Wohltätigkeit ist in der koranischen Verkündigung nicht um Christi willen verdienstvoll. Welche Begründung für die Notwendigkeit karitativen Handelns gibt der koranische Text? Die koranische Antwort attestiert ihrerseits eine neue Verinnerlichung des Gerechtigkeitsbegriffs.

Die suggestiven Fragen nach der Ausstattung des Menschen mit Verstandeskräften hatten eine epistemische Herausforderung ausgesprochen. Was ›eingesehen‹ werden soll, ist die analoge Beziehung zwischen Mensch und Stadt. Es gilt, ein – in der Menschenschöpfung bereits angelegtes – Ideal auch am politischen Körper zu verwirklichen, nämlich Ausgewogenheit, Harmonie herzustellen. Diese Deutung wird zugleich durch ein weiteres harmonisches Schöpfungswerk suggeriert: durch die Sprache. Die dem Arabischen zur Verfügung stehende morphologische Form für eine Zweizahl, der morphologische Dual (zwei Augen, *`aynayn,* V.8, zwei Lippen, *shafatayn,* V.9) ist ein Echo der Schöpfungssymmetrie, die laut Sure 55 der Natur als ganzer unterliegt, wo die Natur fast durchweg durch Dualformen auch klanglich als binär konstruiert kenntlich gemacht wird. Die Herstellung einer Analogie der kosmischen und der mikrokosmisch-menschlichen Strukturen, die der menschlichen Existenz Anteil an der kosmischen Signifikanz verleiht, ist vielleicht das sprechendste Zeugnis für die von Klaus von Stosch vertretene These von der ästhetischen Kodierung des Koran.

In Q 90 geht es darüber hinaus um die vom Menschen zu erbringende harmonische Struktur der Stadt, des politischen Körpers. Auch sie wird mor-

---

[24] Siehe dazu Stroumsa, Gnostische Gerechtigkeit (s. Anm. 3), 154f.

phologisch vorbereitet, denn das Bild der Stadt mit ihren ›zwei Wegen‹ *nadjdain,* V.10, evoziert formal bereits eine binäre Struktur, wenn die beiden Wege auch für ethische Alternativen stehen. Es ist also nicht zuletzt die Suggestionskraft der Sprache, die den Menschen auf seine Verpflichtung, den Makrokosmos dem Mikrokosmos anzugleichen, verweist. Wenn das Wort *`adl,* ›Gerechtigkeit‹ auch nicht fällt, so scheint mit Sure 90 doch ein Plädoyer für das – ja bereits an der Gestaltung des Menschen beteiligte – Prinzip des *`adl* vorzuliegen, das man auch später immer sowohl mit ›Ausgeglichenheit‹ als auch mit ›Gerechtigkeit‹ übersetzen kann. Sure 90 ist Zeugnis einer neuen, eng mit der Sprache verbundenen Schöpfungstheologie.

5. Spätere Lektüren

Es ist interessant, dass die Sure später einer neuen sozialen Situation angepasst worden ist. Das Schlussgesätz V.17–21 fällt durch Versüberlängen von V.17 und 20 und prosaische Syntax aus dem Rahmen der sonst poetischen Sure. Spätere Zusätze oder Neubearbeitungen sind in zahlreichen Suren nachweisbar.[25] Die mündliche Überlieferung hielt den Text offen, so dass später erreichte neue Einsichten bei einer wiederholten Rezitation noch aufgenommen werden konnten. Die substantiell neue soziale Lage vor allem in Medina verlangte immer wieder Anpassung. In Q 90 hatte der Kerntext vom Menschen allgemein, als Individuum gesprochen, der überarbeitete Schlussteil setzt dagegen bereits ein Kollektiv voraus, eine Gemeinde, deren Mitglieder sich gegenseitig zu bestimmten Handlungsweisen anspornen sollen. Dabei geht es nicht nur um das für die ideale Stadt so wichtige ethische Handeln am anderen (V.12–16), wenn auch ›Barmherzigkeit‹, *raḥma,* V.18, geübt werden soll, sondern vor allem um Glauben, *īmān,* und Geduld, *ṣabr* – beides Tugenden, die für die Struktur der idealen Stadt eigentlich gar keine Rolle spielen, sondern eher die Solidarität der Glaubensgemeinde stärken. Der Schlussteil könnte am ehesten aus spätmekkanischer Zeit stammen, in der vor allem Ausdauer und Geduld gefordert waren, in der es nicht mehr um die Gestaltung einer neuen Theologie ging, sondern um die Formung der Gemeinde zu einer Solidaritätsgemeinschaft.

Wie diese spätere Bearbeitung zeigt, wurden Suren bei wiederholter Rezitation oft unter neuen Gesichtspunkten rezipiert. Nicht mehr die psychologisch-sublime Begründung von *`adl,* nicht mehr die epistemische Ableitung der Forderung von harmonischer Gestaltung des politischen Körpers aus der Harmonie des menschlichen Körpers, sondern die Aufrechterhaltung der Solidarität der Stadtbewohner als Bedingung für das jenseitige Heil stand im Falle

---

[25] Siehe dazu Neuwirth, Koran 1 (s. Anm. 11), 742–745.

des überarbeiteten Schlussteils von Q 90 im Mittelpunkt. Wir können bei solchen pragmatisch orientierten Neulektüren von einer Veralltäglichung der Verkündigung sprechen. Bereits in spätmekkanischer Zeit werden sublim konstruierte theologische Errungenschaften des Koran oft preisgegeben. Ihr Anteil an der Herausbildung einer Gemeindeidentität ist damit allerdings nicht infrage gestellt.

Wie innovativ die koranische Auseinandersetzung mit dem Jesaja- und dem Evangelientext ist, wird vielleicht aber erst dann vollständig erkennbar, wenn man einen späteren Text aus der Hadith-Tradition zum Vergleich heranzieht, der sich gleichfalls in Anlehnung an den Evangelientext mit der Pflicht, den Menschen Gutes zu tun, befasst. Es heißt bei Muslim, *Saḥīḥ, Kitāb al-Birr*:

> Gott, der Hohe und Erhabene, wird am Tag der Auferstehung sagen: O Kind Adams, ich bin krank gewesen und du hast mich nicht besucht. Er wird sagen: O mein Herr, wie kann ich dich besuchen, wo du doch der Herr der Welten bist? Er wird sagen: Wusstest du nicht, dass mein Diener Soundso krank war, und du hast ihn nicht besucht. Hättest du ihn besucht, hättest du mich bei ihm gefunden, wusstest du es nicht?

Diese Wechselrede wird noch zweimal wiederholt, wobei Gott sich mit einem um Speise und dann einem um Trank Bittenden assoziiert.

Das Muslim-Zitat wird in dem wichtigen, von Tübinger Theologen beider Religionstraditionen erarbeiteten Band »Christen und Muslime im Gespräch« diskutiert.[26] Der Kommentar von Cemal Tusun lautet:

> »Die Szene aus der Prophetenüberlieferung weist deutliche Parallelen zur biblischen Szene in Matt 25 auf. Hier geht es ebenfalls darum, dem Willen Gottes zu folgen, der darin besteht, dass Gott zu dienen und den Menschen zu dienen zusammen gehören. [...] Der Unterschied zu Matt 25 zeigt sich darin, dass es in diesem Hadith Gott ist, der den Menschen anspricht und nicht Christus, der nach dem Islam als Mensch und Prophet nicht mit Gott zusammen Gericht hält.«

Was hier dem Hadith zugute geschrieben wird, die Ermahnung zu karitativem Handeln, um beiden, Gott und den Menschen zu dienen, ohne dabei Christus zu vergöttlichen, ist, wie wir sahen, in der koranischen Rezeption des Evangelientextes bereits vorweggenommen. Die koranische Theologie hat es aber nicht bei dem Verzicht auf die Christusreferenz belassen, sondern hat das Gott-Dienen neu, nämlich epistemisch gedeutet. Der Gottesdienst liegt in der Erkenntnis der Harmonie von Schöpfung und Sprache, die zum Dienst am Menschen verpflichtet.

Das zitierte Hadith ist natürlich keine zufällige ›Parallele‹, sondern gehört in den Kontext der sog. *Isra'īlīyāt,* d.h. der aus biblischen Traditionen schöpfenden exegetischen Literatur des Frühislam. Die ›Korrektur‹ der christologi-

---

[26] Christoph Schwöbel/Susanne Heine/Ömer Özsoy/Abdullah Takim (Hg.), Christen und Muslime im Gespräch. Eine Verständigung über Kernthemen der Theologie, Gütersloh 2014, 119f.

schen Deutung, mit der das Hadith dem islamischen rein-menschlichen Jesusbild Rechnung trägt, wird ausgeglichen durch die Einbeziehung Gottes selbst in das Wohltätigkeitsszenario. Die dabei vollzogene Erhebung des bedürftigen Menschen in den Rang eines Trägers göttlicher Gegenwart, eine mystisch gefärbte Wahrnehmung, ist gewiss eine Bereicherung des islamischen Gottesbildes, sie findet sich aber eben nicht im Koran, wo eine so direkt persönliche Gottesrede wie die im Hadith undenkbar wäre, dort spricht Gott durch seine Zeichen, die der Mensch durch einen Verstehensakt zu dekodieren hat. Der Koran übernimmt nicht einfach modifiziert christliches Gedankengut, sondern stellt ihm eine gänzlich neue Theologie entgegen, die karitatives Handeln epistemisch, nämlich schöpfungs- und sprachtheologisch begründet. Der Koran liefert auf weite Strecken eine rigorose Neulektüre der von Sidney Griffith treffend sogenannten »interpreted Bible«,[27] d.h. einer durch liturgische und homiletische Deutungen angereicherten mündlich tradierten nachbiblischen Tradition, die er schließlich wie im Fall von Q 90 mit einer eigenen Theologie überlagert. Die Hadithtexte, die aus einem bereits plurikulturellen Milieu mit verschiedensten religiösen Ausrichtungen stammen, tragen dagegen Wissensbestände beliebiger Herkunft zusammen, ohne eine neue Theologie zu verfolgen. Sie führen dabei oft gerade solches Gedankengut wieder in das Denken ein, das der Koran theologisch ausgeschlossen hatte.

Die islamische Tradition war aber dennoch nicht taub für die epistemische Seite der koranischen Argumentation. Die Verankerung der Gerechtigkeit in der harmonischen Schöpfung ist für al-Ghazali (st. 1111), einen der sensibelsten Theologen der klassischen Zeit, evident. Auch er beruft sich dafür auf Sprachliches, indem er den schon erwähnten Schöpfungsvers Q 82:7 ›der dich ausgeglichen geformt hat‹, *`addalaka*, seiner Identifikation von ausgeglichener Schöpfung und Gerechthandeln Gottes zugrundelegt.[28] – Man geht also nicht gänzlich fehl, wenn man den begrifflichen Nucleus der Gerechtigkeit im Islam in der Wahrnehmung der harmonisch ausgeglichenen Schöpfung erkennt – die sich aber (darin geht der Koran an dieser Stelle über al-Ghazali hinaus) eben auch im »Wort«, in der Sprache als einem von der Schöpfung untrennbaren, ausbalancierten System, spiegelt. Dass sich aber auch al-Ghazali der sprachtheologischen Dimension des Gerechtigkeitsproblems bewusst ist, zeigt seine Monographie *Al-Qisṭās al-mustaqīm*[29], »Die gerade ausge-

[27] Sidney Griffith, The Bible in Arabic, New York 2013, 54–96.

[28] Al Ghazali, The Ninety-nine Beautiful Names of God, translated with notes by David B. Burrell and Nazih Daher, Cambridge 1995, 92–96.

[29] Siehe dazu Angelika Kleinknecht, »Al-Ghazālis Traktat ›Al-Qistās al-mustaqīm‹ – Eine Ableitung der aristotelischen Logik aus dem Koran«, in: Samuel Miklos Stern/ Albert Hourani/Vivian Brown (Hg.), Islamic Philosophy and the Classical Tradition. Essays presented by his friends and pupils to Richard Walzer, London 1972, 159–187.

richtete Waage« (der Titel ist Zitat aus Q 17:36, 26:182), in der er die gesetzmäßig schlüssigen Strukturen der koranischen Argumentation offenlegt und das Gebot „Wiegt mit der gerade ausgerichteten Waage“ im Sinne einer Erkenntnis dieser Strukturen deutet. Die hier unternommene Projektion der aristotelischen Logik auf den Koran - wiewohl bildungspolitisch ein Versuch, die Disziplin der Logik als grundlegend für die islamische Theologie zu vindizieren - beweist einmal mehr die auch in der späteren Zeit wahrgenommene Evidenz der Sprache als Modell einer geradezu gesetzmäßige Züge aufweisenden Ausgeglichenheit und damit als eine epistemische Grundlage der Gerechtigkeit.

Gerechtigkeit?

Rainer Marten

1.

Gerechtigkeit verstehen – schön wär's, wenn es da etwas zu verstehen gäbe. Das Thema »Gerechtigkeit verstehen« ist etwas, das Kant eine Subreption nennt: Noch ehe etwas dazu gesagt ist, hat es schon die Existenz von Gerechtigkeit erschlichen. Wir sollen hier demnach über Gerechtigkeit reden, als wäre sie etwas, das unter Menschen wirksam ist, etwas, das wir erfahren, erstreiten, üben, etwas, das der geschichtlichen Zeit zugehört, jetzt, vormals und künftig, nicht aber einem Jenseits der Zeit.

Das ist nicht misszuverstehen. Kraft unseres Gerechtigkeitsempfindens sind wir durch die Meldungen des Tages immer wieder von neuem überbeschäftigt mit dem Urteilen, was verdient und gerecht, was unverdient und ungerecht ist. Wir sind schließlich keine geistigen Söhne oder Töchter des Rechtspositivisten Hans Kelsen (1881–1973), der am liebsten dachte und sagte, dass es Gerechtigkeit nicht gäbe, wenn aber doch von ihr die Rede sein müsste, stünde für sie nichts anderes zur Verfügung als das gesetzte Recht. Trifft ein richterliches Urteil in einem konkreten Fall genau das gesetzte Recht, dann sei, wenn es schon so heißen muss, Gerechtigkeit geschehen. Unser je nach der Sozialisation unterschiedlich entwickeltes Gerechtigkeitsempfinden weiß längst, dass gesetztes Recht nicht genügt, um auf die Spur von Gerechtigkeit zu kommen. Da verlangen wir doch zuvor, dass die Gesetze gerecht sind, nach denen Recht gesprochen wird. Wir fordern damit ein erstes Recht, dass der Gesetzgebung zugrunde liegt, in dem das wirklich Gerechte noch undifferenziert versammelt ist. Schon wieder muss ich bekunden: Schön wär's. Die Tagung der Rudolf-Bultmann-Gesellschaft zum Thema »Gerechtigkeit verstehen« samt der nächsten hätte ja ihr Ziel bereits erreicht, wenn es für uns die Möglichkeit gäbe, einen Grund aufzusuchen, der das erste Recht birgt, von dem her wir verbindlich wüssten, was alles wirklich gerecht ist und was nicht.

Das Emphatikon ›wirklich‹ hat es in sich. Wollen wir verstehen, was gegebenenfalls gerecht ist, dann lassen wir uns mit keinem Hinweis darauf abspeisen, was hier und jetzt als gerecht gilt. Das Verstehenwollen ist vielmehr auf das wirklich Gerechte ausgerichtet, damit aber vielleicht auf ein Niemals und Nirgendwo. Was ist schon, habe ich einmal einen gefeierten Juristen gefragt, was ist schon ein rechtschaffener Mensch gegen einen Recht schaffenden, was ein Recht schaffender Advokat, Richter und selbst Gesetzgeber, gegen einen, der sich um das erste, gerechte Gesetze gründendes Recht bemüht? Wer aber erkennt und weiß das wirkliche Gerechte? Kann das überhaupt eines Menschen Sache sein, eines menschlichen Kopfes, eines menschlichen Gemüts und Herzens? In dem Athen, das, nach einem zwielichtigen Asebieprozess, gegen Sokrates die Todesstrafe aussprach, herrschte Recht, nicht Unrecht. Die Zeiten der Seeräuberei und des »›Rechts‹ des Stärkeren« waren vorbei. Römisches Recht, was für eine segensreiche ordnende Kraft für die gesellschaftlichen Verhältnisse etwa zu Zeiten der *Pax Augusta*, wie brutal auch des Kaisers Machtausübung war! Der *Code civil*, das *Badische Landrecht* von 1809 – überall, wo Recht gesetzt war und durchgesetzt wurde, waren Unrecht und Willkür ein Riegel vorgeschoben. Doch ich bestehe in angelernter philosophischer Emphase für den Augenblick noch auf der Frage: War das, was im Sinne dieser Rechtssetzungen gerecht war, auch wirklich gerecht? Das sind in Wahrheit zwei Fragen: Sind gesellschaftliche Verhältnisse möglich und gar wirklich, in denen es wirklich gerecht zugeht? Und die anschließende Frage: Sind Menschen fähig zu erkennen und zu wissen, was wirklich gerecht ist? Zunächst werde ich zeigen, inwiefern auf beide Fragen die Antwort Ja lauten kann, danach, inwiefern sie Nein lauten muss.

2.

Von früh an machen Menschen von ihrem gleich entwickelten Wahrnehmungs- und Erkenntnisvermögen einen unterschiedlichen Gebrauch. Die Einen sehen, was sie sehen, die Anderen sehen mehr, als was sie sehen. Sehen Metzger und etruskischer Haruspex auf die Leber eines zerlegten Opfertiers, dann sieht der Eine die Leber, die man verbrennen, aber auch essen kann, der Andere menschliche Zukunft. Letzterer ist für mich der Künstler: Er sieht die Wirklichkeit, die Ersterer sieht, überhöht sie aber. Ein Gefälle der Wirklichkeit entsteht. Marcel Proust, der immer auf Seiten der Kunst ist, nennt die Wirklichkeit der Kunst das *plus rèel.*[1] Die überhöhte Wirklichkeit liegt in, nicht außerhalb der Menschenwelt, aber sie ist eine andere, ist die eines gesteigerten Wahrnehmens, Empfindens und Wissens. Was Vögel mit ihrem Flug in den Himmel schreiben, sehen Vogelkundler und römische Auguren ganz verschieden. Während der Vogelkundler in seinem Beobachten einfach von seinem im Wahrnehmungsvermögen aktiven Realitätssinn Gebrauch macht, agiert der Priester als Künstler: Er schreibt den Vogelflug mit, liest ihn

[1] Vgl. Rainer Marten, Radikalität des Geistes. Heidegger–Paulus–Proust, Freiburg/München 2012, 195–212.

als Zeichen, und dies im Sinne einer Zutat. Er gibt ihm eine Bedeutung, die er von sich aus, das heißt als rein Beobachtetes nicht hat. Anstatt jetzt Vögel zu sehen, die nach Süden ziehen, sieht er menschliches Unheil kommen. Der Beobachter hat sich zum Propheten gewandelt: Er kann das, was kein Mensch kann, in die Zukunft sehen, Künftiges vorhersagen. Für Menschenunmögliches sind Künstler zuständig. Wie sie es möglich machen, sind sie ganz in ihrem Metier. Hochkulturen leben von dem in ihnen lebendigen Künstlertum. Längst ist das Unwirkliche, weil Unmögliche, das Künstler erschaffen, in die eine Lebenswelt integriert, in der grundständig der, wie Bertrand Russell ihn nennt, robuste Realitätssinn zuhause ist.[2] Das Unmögliche wird als überhöhte Wirklichkeit in Gebrauch genommen, als Impuls für gesteigertes Leben. Die sinnlichen und geistigen Kräfte erfüllen jetzt Bedürfnisse, die über die des Alltags hinausgehen. Warum erzähle ich das? Weil ich zeigen will, dass das, was wirklich gerecht ist, einer überhöhten Wirklichkeit zugehört.

Es gibt Gerechtigkeit, ja, es gibt sie, ohne Wenn und Aber, dies aber nicht als ein konstatierbares gesellschaftliches Faktum, nicht als ein von den drei politischen Gewalten hergestelltes und bewahrtes Wirkliches, sondern als ein Werk von Künstlern, das allein der durch sie überhöhten Wirklichkeit zugehört. Wirkliche Gerechtigkeit kann ein Werk religiösen Glaubens sein. Sie ist dann kein historisches, sondern ein zu glaubendes Faktum. Unterschied Pascal noch nicht zwischen Glaubenstatsachen und historischen, wenn er etwa für Schöpfung und Sintflut gleicherweise historische Zeugen benennt,[3] dann ist es doch Zeit, es zu tun, will man sich mit dem Autor des *Römerbriefs* über wirkliche Gerechtigkeit verständigen.

Wer gläubig auf wirkliche Gerechtigkeit sieht, muss erschrecken, wird doch durch sie menschliches Gerechtigkeitsempfinden vollends verstört. Jede Gerechtigkeitsvorstellung, die eine erhoffte und erwartete Gerechtigkeit prägt, ist im Vorhinein zunichte gemacht. Dem Menschen wird in sein Stammbuch geschrieben, dass er unfähig ist, gerecht zu sein. Die durch religiösen Glauben erschaffene Gerechtigkeit ist ein lebendiges Wesen, das von absoluter Einzigkeit ist. Kennen wir aus dem *Matthäusevangelium* (19,17) die Einzigkeit des Guten, wenn Christus dem Jünger klarmacht: εἷς ἐστιν ὁ ἀγαθός. Einer, und nur Einer, ist der Gute, so aus dem *Römerbrief* mit aller Nachdrücklichkeit die

---

[2] Vgl. BERTRAND RUSSELL, The existential import of propositions, in: Mind 14 (1905), 398–401.

[3] Vgl. RAINER MARTEN, Paulus im Spiegel Pascals, in: DERS., Radikalität (s. Anm. 1), 131–159. Signifikante Belege in BLAISE PASCAL, Pensées, in: DERS., Oeuvres complétes, ed. JACQUES CHEVALIE, Paris 1954, 1229 Nr. 489: Schöpfung und Urtat menschlicher Sünde als denkwürdigste (les plus mémorables) historische Ereignisse »gleich der Sintflut«. Nr. 542, 1258: »Denn damals waren die Menschen der Schöpfung noch so nah, dass sie ihre Schöpfung und ihren Fall nicht vergessen haben konnten.« E.Ü.

Einzigkeit des Gerechten. Mein erster Auftritt als frisch Habilitierter auf einer philosophischen Tagung galt dem Gedanken Platons, dass einzig das Schöne selbst in jeder Hinsicht und für immer schön ist. Auch am schönsten Epheben, so war das zu deuten, findet sich noch ein Stück Hässlichkeit. Angelsächsische Platonkritiker nennen das Selbstprädikation: Das Prädikat ›schön‹, und nur es, sei wirklich schön. Nein, ganz so schlimm ist es nicht. Das Schöne selbst bei Platon ist kein Begriff, sondern eine Idee, etwas rein Erdachtes, im Denken Vorausgesetztes, und damit, wie von Natur, etwas zu rein Erdachtes. Alles vom Menschen für schön Erachtete wie Sonnenuntergänge, Singvögel und jugendliche Menschen ist nicht eigentlich schön. Das ist ein hoher Preis für den fragwürdigen Gedanken, dass die Vielheit des Schönen dieser Welt nur durch die Teilhabe am Schönen selbst schön ist, ohne es freilich selbsthaft und eben wirklich zu sein. Der Gedanke eines einzig Schönen rechtfertigt sich für den Philosophen dadurch, dass er mit ihm den absoluten Grund von Relativem erdenkt. Wie aber hält es der Theologe Paulus mit dem einzig wirklich Gerechten? Steht eine Rechtfertigung durch den Glauben an, analog zu der durch das Denken? Käme, wenn es so sein müsste, der Gläubige damit zurecht?

Nach dem letzten großen Erdbeben auf Haiti, bei dem dreihunderttausend Menschen zu Tode kamen, liefen die Frauen durch die Straßen des zerstörten Port-au-Prince, um fragend in den Himmel zu schreien: »Jesus, Jesus, was haben wir dir getan?« Mögen sie in dieser Welt auch Nächstes und Liebstes verloren haben – als Gläubige verblieben sie in überhöhter Wirklichkeit. Sie hatte keine wild gewordene Natur heimgesucht, sondern ein göttliches Gericht. Strafe, ja, aber Strafe für was? Da ist er, der *Deus absconditus*, der in seinem Ratschluss Unerforschliche. Die wirkliche Gerechtigkeit hat die Besonderheit, und diese hat sie notwendig, dass ihr kein Mensch als Gerechtigkeit auf die Spur kommt. Ich habe das Buch *Hiob* gelesen, in einem Zug an einem sonnigen Nachmittag. Es ging mir nie wieder aus dem Sinn: Hiob hat kein Recht gegen Gott, kann nicht mit Gott rechten, weil Gottes Gerechtigkeit keinem Menschen zugänglich ist – keiner menschlichen Vernunft, keinem menschlichem Gemüt. Als er das endlich versteht, dass des Menschen Teil an Gottes Gerechtigkeit das ›in Staub und in Asche‹ ist, erfährt er die absolut unverständliche, ganz andere Gerechtigkeit: An Tieren, die er verloren hat, erhält er exakt das Doppelte zurück, an Kindern gleich viele, nur sind die drei Töchter jetzt schöner als die zuvor.

Die einzig wirkliche Gerechtigkeit lebt davon, dass sie unverständlich und unbegreiflich ist. Im *Römerbrief* ist diese Glaubenseinsicht argumentativ zum ersten Lehrsatz der Christusgläubigkeit erklärt. Stellt sich Paulus die Frage, die gläubige Menschen immer wieder umtreibt, einmal selbst, die Frage, ob der zürnende Gott nicht ungerecht ist, dann antwortet er darauf triumphalisch: ›Das sei ferne! Denn wie richtet Gott sonst die Welt?‹ (Röm 3,5). Das ist der wahre Triumph des Christusglaubens, der Todlosigkeit und Ewigkeit des Lebens bei weitem übersteigt: Alles, was im Leben eines Gläubigen geschieht, ist, und ginge die Welt unter, Zeichen der einzig wirklichen Gerechtigkeit. Doch wer kann die Geschichten von Kain und Abel, von Jakob und Esau aushalten, wer kann das Kapitel 9 des *Römerbriefs* lesen und dann noch an der durch Paulus begründeten, von Augustinus, Luther, Pascal und dem jungen Karl Barth mitgetragenen christlichen Orthodoxie festhalten? Paulus verbindet mit der Gerechtigkeitslehre Gottes die Affekten- und Willenslehre Gottes. Er holt den liebenden und hassenden Gott des *Alten Testaments* in das *Neue Testament* hinein: ›Jakob habe ich geliebt, Esau aber gehasst‹ (Röm 8,13), und dies zur Fundierung der notwendig unverständlichen wirklichen Gerechtigkeit. Affekte müssen auf Seiten des einzig Gerechten im Spiel sein, Wille, der sich Menschen als Willkür darstellt, nur dann lässt es sich verstehen, warum es in dieser ersten Sache des Christusglauben, dem Glauben an ein kommendes Gericht und die durch es geschehende letzte Gerechtigkeit, so unverständlich zugehen muss.

Gott ist äußerst langmütig (πολλῇ μακροθυμίᾳ), das soll im *Römerbrief* heißen (Röm 9,22), er bringt Verwüstung und Tod, um seinen Zorn und seine Macht zu zeigen. Daraufhin wird sein Erbarmen (ἐλέους) umso herrlicher im Licht stehen. Das liest sich wie ein Macchiavelli: erst Peitsche, dann Zuckerbrot. Nein, die Rationalität dieser Erdichtung geht tiefer: Über die gewollte Gottesfurcht hinaus soll ja der Gottesglaube geweckt werden, der Glaube, diesen Gott unbedingt nötig zu haben, um Mensch sein zu können. Der Mensch hat Schulden bei Gott, und solange er sie hat, kann er nicht eigentlich Mensch sein. Er braucht Gott, dass er ihm die Schulden erlässt. Erlässt er sie ihm von sich aus, dann erlöst er ihn von dem, was ihn nicht eigentlich Mensch sein lässt. Er rettet sein Menschsein. Da die Schuldsache eine Rechtssache ist, inszeniert Paulus das Drama von Gott und Mensch, wie es ein Glaubensdrama ist, zu Recht als ein Gerechtigkeitsdrama. Auf geniale Weise verknüpft er Erbsünde, für Pascal die größte Glaubensherausforderung, weil das größte Wunder,[4] mit der Theodizee. Der Mensch in der Gestalt Adams ist schuld an der unverständlichen Gerechtigkeit Gottes. Wie Paulus den christlichen Gottesglauben bestimmt, steht bei ihm an erster Stelle die geglaubte Selbstrechtfertigung Gottes: Sein Zorn ist gerecht. Allerdings bedurfte es dazu der Klugheit, den Menschen so dahinzugeben (παραδιδόναι), dass er gottschuldig werden musste. Gottes Tun am geschichtlichen Menschen ist erst im zweiten Akt das von sich aus Erlassen der Schuld. Als erster Akt ist dafür Voraussetzung, dass Gott von sich aus den Menschen an Gott schuldig werden lässt. Von Willkür zu Willkür möchte man sagen, doch gläubig muss es heißen: von Gerechtigkeit zu Gerechtigkeit. Jeder im Sinne von Leibniz' Begriff

[4] Pascal, Pensées (s. Anm. 3), 1207f. Nr. 438.

der Theodizee unternommene Versuch, Gott angesichts allen Übels in der von ihm geschaffenen Welt zu rechtfertigen, ist ein Selbstmissverständnis des christlichen Glaubens. Als ein Mensch, der nichts, aber auch gar nichts von wirklicher Gerechtigkeit versteht, die personifizierte wirkliche Gerechtigkeit rechtfertigen zu wollen, ist ein umögliches, zuvor ein dümmliches Unterfangen. Der geglaubte Gott hatte zur ersten Fundierung des Glaubens sich selbst gerechtfertigt. Allein er konnte es, und er wollte es auch. Was Paulus und Augustinus in die *Genesis* hineinlesen, führt zu einer Glaubenslehre, die größte Schwierigkeiten hat, sich einem sanften Gemüt zu vermitteln. Nennt Karl Barth den Apfelbiss Adams, weil über alles Absurde, Irrationale und Böse hinausreichend, eine »unmögliche«[5] Tat, dann empfehle ich uns, noch einmal in *Genesis* 3 die Zeilen zu lesen: ›Und sie (das Weib Eva) nahm von seiner Frucht und aß und gab auch ihrem Manne neben ihr, und er aß.‹ Und was sagt Gott dazu? ›Weil du auf deines Weibes Stimme gehört und von dem Baume gegessen hast, von dem ich dir gebot: Du sollst nicht davon essen, so ist um deinetwillen der Erdboden verflucht.‹ Auch Adam verflucht den Acker. Was dabei verflucht wird, ist allein die Mühsal seiner Bestellung, nicht aber das Lebenserhaltende, das auf ihm wächst. Nach Erbsünde und Erbtod schmeckt das nicht.

3.

Als Philosoph, der sein Nachdenken hauptsächlich lebensteiligem menschlichem Gelingen widmet, habe ich kein Interesse an absoluter Gerechtigkeit, auch keinen Sinn für sie. Dass sie unverständlich ist, könnte noch hingehen. Wer hat schon immer den römischen *pater familias* verstanden, wenn er sein Recht wahrnahm und das eine ihm vorgelegte Kind unter die Lebenden aufnahm, das andere nicht? Wer hat schon jedes Gerichtsurteil verstanden? Aber das Absolute, wie es gelegentlich theologische Philosophen vergöttern, findet in einer Ethik der Lebensteilung unmöglich einen Platz. Stehen Mann und Frau, Gesunder und Kranker in einer Beziehung, dann sind die Einzelnen nichts bloß Relatives, sondern sogar Relatives. Beide Beziehungen bedürfen, lebenspraktisch geurteilt, keiner Regelung von außen, geschweige denn eines Belohnungs- und Bestrafungssystems. Insofern stehe ich nicht für Philosophie im Allgemeinen. So zeigt Platons Sokrates im Frühdialog *Phaidon* (107b–108c) auch darum Interesse an der Unsterblichkeit der Seele, damit ein Mensch durch den Tod nicht alles loswerden kann. Löst sich die Seele vom Leib, dann ist die Seele den Leib los, die Seele des schlechten Menschen aber

[5] Karl Barth, Der Römerbrief (Erste Fassung) 1919, hg. von Hermann Schmidt, Zürich 1985, 297.

nicht die Schlechtigkeit. Einer letzten Gerechtigkeit wegen bleibt die abgelöste Seele durch das gelebte Leben geprägt. Das garantiert ein Belohnt- und Bestraftwerdenkönnen, ohne dass, um das eine oder andere erfahren zu können, ein anderer Leib vorgesehen ist. Für den guten Menschen gibt es, im Sinne einer letzten Gerechtigkeit, immer schönere Wohnungen zu bewohnen, für den schlechten Menschen sind, je nach der Schwere des Vergehens, Höllenschlund auf Zeit oder in alle Ewigkeit vorgesehen. Auch Paulus hatte versäumt, neben dem σῶμα πνευματικόν für die himmlischen Wonnen einen dritten Leib zu erdenken, der für die ewige Verdammnis taugt.

Nein, wie ich in Anbetracht meines Interesses am Menschen unmöglich auf eine wirkliche Gerechtigkeit ziele, so auch nicht auf eine letzte. Ohne in das gelebte Leben des Menschen in vorgeschichtlicher Zeit zurückblicken zu können, ohne genügend von menschlichem Leben in den anfänglichen Hochkulturen zu wissen, sehe ich den Menschen immer schon in Sachen Gerechtigkeit unterwegs. Das Bild, das mich in meinem Vorverständnis von Gerechtigkeit leitet, ist der Ausgleich, die Balance, die Glättung, die Isonomie. Die Ausgangslage des Menschen ist seine Ungleichheit. Es gibt die Starken und die Schwachen, im Bilde: die wildernden Hunde und die Hunde, die man zum Jagen tragen muss. Diese Differenz entwickelt sich leicht zu der zwischen Arm und Reich. Im *Oikonomikos* von Xenophon (um 426–355 v.Chr.), diesem frühen Plädoyer für kapitalistisches Handeln, werden auch Feinde, sofern man sie *hat*, als *Besitz* verstanden, der sich zu weiterer Bereicherung nutzen lässt. Verwüsten Feinde das Land vor der Stadt, dann lässt es sich billig von Armen erwerben, die nicht abwarten können, bis neue Pflanzen wieder Früchte tragen (Oik 1,8.15). Kein Wunder, dass ein früher Ruf nach Gerechtigkeit der nach Neuaufteilung der Erde (γῆς ἀναδασμός) ist.[6] Das freilich werden die Starken zu verhindern suchen, zumeist auch zu verhindern wissen. Warum sollte das Recht des Stärkeren nicht gerecht sein? In der amerikanischen Verfassung ist es festgeschrieben: *pursuit of happiness*. Das ist der Appell an die Stärkeren, sich zu ihrem Vorteil auszutoben. Wie Platon seinen Sokrates zu Beginn der *Politeia* gegen das Recht des Stärkeren argumentieren lässt (I, 344d ff.), ist nicht gerade überzeugend: Wie der Hirt kraft Hirtenkunst am Wohle der Schafe interessiert sei, so der Herrscher kraft Regierungskunst am Wohle der Regierten. Das ist *begging the question*. Der Hirt denkt nicht notwendig an das Beste für seine Schafe, sondern in der Regel an den größten Gewinn durch sie für sich. Wer als Christ oder Heideggerianer ein romantisches Bild vom Hirten hat, denke an den Gänsehalter, der die seiner Obhut Anvertrauten für einen der größten Gaumengenüsse zu stopfen versteht. Man muss nicht Macchiavelli gelesen haben, sondern sich nur ein wenig in Herrschaftsgeschichte auskennen, um zu wissen, dass Herrschaft an erster Stelle

[6] Herodot, Historiae IV,159; 263; Aristoteles, Politik V 7, 1307a2.

um Machterhalt besorgt ist, um das Wohl der Beherrschten aber nur insoweit, als es für diesen Zweck instrumentalisierbar ist. Reichtum, der zu bedauern, und Armut, die zu preisen ist, sind heute nicht mein Thema.

4.

Ungleichheit gehört zur Natur des Menschen. Ob wir auf seine biologische Natur sehen, seine gesellschaftlich-politische und polit-ökonomische, seine charakterliche und emotionale, seine geistige und geistliche – überall tritt uns Ungleichheit entgegen und mit ihr Andersheiten, die das Miteinander, um es vorsichtig zu sagen, problematisieren. Es muss nicht die Differenz von *Beati possidentes* und Habenichtsen sein, von Rechthabern und Entrechteten, damit die Chancen des Gegeneinander größer als die des Miteinander sind. Dafür genügt es, dass Wissende und Unwissende aufeinander treffen, Aufbegehrende und Mäßigende, Zuversichtliche und Zweifelnde. Nicht nur die Persönlichkeiten differieren, sondern auch die Tagesformen. Ungleichheiten finden sich nicht nur im Vergleich des Einen und Anderen, sondern auch im Einzelnen. Dass Einer etwas gegen sich selbst hat, ist keine Seltenheit. Nun haben Ungleichheiten unter Menschen, die miteinander Umgang haben, die Tendenz, in ihrer Bedeutung für das Einander sich nicht gleich zu bleiben. Nach dem Bilde des Vorverständnisses von Gerechtigkeit sind Schwankungen zwischen vollkommener Balance und völliger Unausgeglichenheit möglich. Dabei bleibt die Ungleichheit der Menschen als Ausgangslage erhalten. Sie ist für jedes menschliche Einander, ob Mit- oder Gegeneinander, das erste Motivierende.

Die Alterität des Einen und Anderen aber gibt es, wie ich das nenne, allein als eine doppelte. Der Andere ist dem Einen nie nur ein überhaupt Anderer und eben numerisch Zweiter, sondern er ist auch anders. Die doppelte Alterität gliedert sich in Einanderheit und Andersheit. Beides geht stets zusammen. Selbst wenn der Eine und der Andere ein Mann sind, sie also dem Geschlecht nach gleich sind, ist jeder von beiden doch anders Mann. Auch ein und derselbe Mann führt sich nicht jeden Tag gleicherweise als Mann auf. Für die Beurteilung lebensteiligen Gelingens und Misslingens ist es von Bedeutung, dass Einanderheit immer auch Andersheit ist. Kommt es in einem menschlichen Einander auf kurz oder lang zu gelingender Wechselseitigkeit, so dass Einanderheit und Andersheit fruchtbar und lebensförderlich ineinander spielen, dann ist das Verhältnis ein ausgeglichenes: Die Balance, ein Grenzfall der Unausgeglichenheit, herrscht. Doch der Ausgleich auf Zeit besagt keine Einebnung. Die Ungleichheit bleibt in diesem Verhältnis lebendig, ja belebend. Ungleichheit – das ist das Leben, das Leben mit seinen Widersprüchen, das Leben, das sich durch sich selbst zu sich selbst herausgefordert sieht. Jetzt mache ich einen Sprung und behaupte von der Ungleichheit des Menschen, dass sie die basale Ungerechtigkeit seines Lebens ist. Die durch Andersheit garantierte Ungleichheit des Menschen ist die bleibende und immer neue Ausgangslage. Das ist gleichzusetzen mit der Ungerechtigkeit unter Menschen als dem bleibenden und immer neuen Anstoß, den Streit, ja den Kampf um sich selbst zu wagen, der im Namen der Gerechtigkeit zu führen ist. Im Namen der Gerechtigkeit – soll heißen: im Namen des Humanum. Ungerechtigkeit, Gerechtigkeit – von beidem ist jetzt jede Wertung fernzuhalten. Nichts Gutes und Böses hat im Augenblick die Überlegungen zu belasten, nichts zu Belohnendes und zu Bestrafendes. Keine richterliche Instanz ist zugelassen, die sich außerhalb derer befände, die sich streitbar und kämpferisch in ihrer doppelten Alterität erproben. Die nicht wertende Sicht auf Ungerechtigkeit verlangt, bei menschengemachter Ungleichheit und eben Ungerechtigkeit davon abzusehen, dass sie menschengemacht ist. Der schmale Weg zu einem neuen Verständnis des Verhältnisses von Ungerechtigkeit und Gerechtigkeit kann und darf den Philosophen nicht zugleich als Historiker in Anspruch nehmen, der die Gründe der Ungleichheit kennt, auch nicht als Moralisten, der Handeln, das zur Ungleichheit führt bzw. sie verschärft, bewertet. In der neuen, wertfreien Sicht auf Ungerechtigkeit alias Ungleichheit wird Ungerechtigkeit als Ausgangslage menschlichen Lebens angenommen und bejaht, damit aber auch schon Gerechtigkeit als das, worum es im Leben streitbar und kämpferisch geht.

Ist, im Bilde von Platons Höhlengleichnis, das Licht der Ideen für die geistigen Augen gewöhnungsbedürftig, so ist das sicher auch die neue Sicht auf Ungerechtigkeit und Gerechtigkeit. Die Ungleichheit von Arm und Reich mag man ja noch als Ungerechtigkeit verstehen wollen, obwohl auch das so einfach nicht ist. Wo nämlich liegt denn in diesem Verhältnis das Unrecht: Liegt es an den Reichen oder an den Armen oder einfach in beider Verhältnis? Doch das lässt sich klären. Geht es nun aber auch um die Ungleichheit von Mann und Frau, wie soll die als Ungerechtigkeit verstanden werden? Meine ich etwa, dass da die Natur ein Unrecht begangen hat oder der Gott der *Genesis*? Ja, das ist die Frage. Ich bestehe darauf, auch in der Ungleichheit von Mann und Frau nicht nur das Lebensstimulierende zu sehen, sondern auch die der Streit um Gerechtigkeit unausweichlich machende Ungerechtigkeit. Damit ist auch schon entschieden, dass an der ungerechten Relation nicht eines der Relata oder beide das Ungerechte sind, sondern die Relation selbst. Diese wertfreie Sicht muss sich auch beim Verhältnis von Arm und Reich bewähren: Nicht der Reiche ist an der damit gegebenen Ungerechtigkeit schuld, nicht der Arme, auch nicht beide. Es ist ein belebendes Verhältnis, ja, ich sage das, weil es zum Streit von Ungleichen und dabei zum Streit des Menschen um sich selbst führt. Dieser Streit um Gerechtigkeit, der den geschichtlichen Menschen von Anbeginn begleitet, ist der nicht endende einzigartige Versuch des Humanum. Die auf Zeit erstrittene gerechte Lebensteilung zeitigt keine Versprechen von

Glück, worin auch immer ein solches bestünde, schon gar nicht das einer das Leben therapierenden Gelassenheit. Gerechtigkeit herrscht für eine Weile – das ist es: Das Humanum ist geglückt. Und woran erkennt man, dass es sich so verhält? Das bleibt ein Geheimnis der Mitwisserschaft ausgetragener Ungleichheit und gemeinsam gesteigerten Lebens.

Wer Gerechtigkeit verstehen will, muss Ungerechtigkeit verstehen. Wer Ungerechtigkeit verstehen will, muss Gerechtigkeit verstehen. Der hermeneutische Zirkel, könnte man meinen, hat gerade noch gefehlt. Ja, er hat gefehlt. Gerechtigkeit für sich ist kein Thema. Das haben wir schon bei Paulus gesehen, der die Gnade göttlicher Gerechtigkeit allein als Antwort für nicht überbietbare menschliche Ungerechtigkeit verstanden wissen wollte – es versteht sich: von einem gläubigen Verstehen. Nun ist menschliche Ungerechtigkeit im Sinne von Ungleichheit etwas gleichsam Handfestes. Sie lässt sich auf vielfache Weise erkennen, erfahren und empfinden. Wie aber steht es mit der Gerechtigkeit? Ist und bleibt sie eine Utopie, etwas Ausgedachtes, das bestenfalls als regulatives Prinzip dem Menschen dienstbar sein könnte? Oder bleibt sie doch einem höchsten Wesen vorbehalten? Nein, ich habe mich ja bereits festgelegt und sie als streitbaren Versuch des Humanum erklärt, der unter Menschen immer neu auf Zeit gelingt. Das gilt es zu präzisieren.

Wie es sich meinem Nachdenken erschließt, ist Gerechtigkeit ein einzigartiger menschlicher Selbstversuch. In ihm probiert der Mensch ein Mittel aus, das lebensteiliges Gelingen verspricht: das Mittel des streitbaren Aufeinanderzugehens. Um das zu verstehen, ist ein zerstörerischer Streit unter Menschen von einem belebenden zu unterscheiden. Ich belege das nicht durch Hesiod (um 700 v.Chr.), aber ich finde es klug von ihm, eine Göttin des Streits zum Guten zu erfinden und eine Göttin des Streits zum Schlechten. Der gute, den Menschen nützliche Streit (ἀγαθὴ Ἔρις) ist denen zugedacht, die begreifen, dass das Leben agonal ist. Menschen messen sich miteinander, sind darauf aus, den Anderen zu übertreffen.[7] Hesiods Beispiele sind Bauern und Handwerker. Der Eifer, mit dem sie bei der Sache sind, schließt die Bejahung der Konkurrenz ein. Das heute die Arbeitswelt beherrschende Konkurrieren, das nach der Einsicht des Ökonomen Joseph Schumpeter (1883–1950) am besten den Anderen bis zur Existenzvernichtung niederkonkurriert, weil das für Produktion und finanziellen Gewinn am effektivsten ist,[8] hat Konkurrenz

---

[7] Hesiod, Werke und Tage, 11–24.

[8] Joseph Schumpeter, Theorie der wirtschaftlichen Entwicklung (1911/1926), unveränderter Nachdruck der 1934 erschienenen 4. Auflage, Berlin [8]1993. Auf »Niederkonkurrieren« als Methode der »schöpferischen Zerstörung« kommt Schumpeter immer wieder zurück. 360: »Die Existenzen, die mit den alten Betrieben verknüpft sind, die nun niederkonkurriert werden, leiden natürlich.« 366: »Auch auf die ultima ratio der

mit Recht in Verruch gebracht. Es ist der böse Streit mit Anderen, der zum Schlechten führt. Hesiod hat für ihn den Neologismus κακόχαρτος gefunden: Freude am Übel der Anderen. Um streitbares Aufeinanderzugehen zu verstehen, das Gerechtigkeit als Selbstversuch des Menschen prägt, gilt es die ἀγαθή Ἔρις im Blick zu behalten, den Streit zum Guten, der nichts vom Übergierigen einer deregulierten Wirtschaft hat.

Der Streit, der in Verhältnissen wie Arm und Reich, Mann und Frau ausgetragen wird, ist als Streit zum Guten nicht der einer Konkurrenz. Worum sollten Mann und Frau, worum Arm und Reich konkurrieren? Ist Ungleichheit, wertfrei geurteilt, eine Ungerechtigkeit, dann wird der Mensch, der wegen seiner Ungleichheiten immer neu mit sich selbst im Streit liegt, denselben jedenfalls ›hegen‹ müssen. Obwohl Carl Schmitt dieses Wort für seine Zwecke gebraucht,[9] halte ich es für geeignet, den Charakter des Streits zu verdeutlichen, der in allen auf Ungleichheit basierenden Verhältnissen geführt wird. Mit ihm wird das Schützende und Schonende genannt, das diesen Umgang miteinander auszeichnet. Damit aber nicht Schutzzäune und Waldschonungen assoziiert werden, es geht ja um menschliches Binnenverhalten, füge ich das Charismatische hinzu. Nicht Toleranz ist für dieses streitbare Einander gefragt, sondern Zuneigung, gilt es doch im Streit des ungleichen Menschen mit sich selbst, das Ungleiche als das, was es ist, zu brauchen und fruchtbar zu machen. Habe ich den schwer verständlichen Hegel immer dann am wenigsten verstanden, wenn er versprach, zur Veranschaulichung ein Beispiel anzuführen, so wähle ich jetzt ein gewagtes Beispiel: gesund und krank als Ungleichheit und damit Ungerechtigkeit. Nicht der Gesunde ist im Unrecht, nicht der Kranke. Keiner von beiden ist der bessere oder gelungenere Mensch. Ihr Verhältnis ungerecht zu nennen, besagt allein, dass in ihm die Aufforderung liegt, im Streit zum Guten aufeinander zuzugehen und Gerechtigkeit als Selbstversuch des Menschen zu wagen. Verspricht nach dem Stand der Dinge der Gesunde, gesund zu bleiben, der Kranke krank, geht es also nicht um Therapie und Veränderung der Befindlichkeit, dann bewegt sich der Selbstversuch rein in gelingender Lebenstellung. Dazu ist kein auskömmliches Miteinander vonnöten, das wäre bei weitem zu wenig, sondern eines, in dem der Eine und Andere sich einander brauchen und füreinander fruchtbar werden. Gelingt der Selbstversuch, dann erhalten Kranker und Gesunder füreinander und je für sich selbst ein neues ›Gesicht‹. Im Lichte des Streits der Ungleichheiten zum Guten zeigen sie sich in einer bislang nicht wahrgenommenen

völligen Vernichtung der mit hoffnungslos Unangepaßten verbundenen Existenz kann diese Wirtschaftsform nicht gut verzichten.«

[9] Der positive Begriff des Feindes in Schmitts politischer Theorie ist verbunden mit dem positiven Begriff des gehegten Krieges. Vgl. z.B. Carl Schmitt, Theorie des Partisanen. Zwischenbemerkung zum Begriff des Politischen, Berlin [3]1992, 91.

Würde. Kein Mitleid herrscht in dem Verhältnis, kein Neid, aber auch nicht Kants zu Tode gerittene Achtung,[10] nicht Hegels Anerkennung und Versöhnung. Das Charismatische in diesem Streit ist praxisdefinit. Keine Verbrüderung von Emotionen und Bewusstseinsprozessen findet statt. In dem streitbaren *uti et frui*, diesem einander Brauchen und Genießen, erhält die Ungleichheit des Menschen den Glanz des Humanum. Für das gewählte Beispiel besagt das: Der Gesunde erfährt sich im Umgang mit dem Kranken als Mensch, mehr noch, er erfährt die Gerechtigkeit des Menschseins. Entsprechend ergeht es dem Kranken. Aus der Ungerechtigkeit des Verhältnisses von Gesund und Krank ist Gerechtigkeit geworden. Diese Erfahrung von Gerechtigkeit, und sei sie noch so momentan, ist lebenspraktisch von bleibender Bedeutung. Die Mitwisserschaft, die in jedem gelingenden Selbstversuch menschlichen Gerechtseins erzeugt wird, führt zur Gewissensbildung. Das im Umgang miteinander gerecht gewordene Ungleiche sedimentiert sich als Gewusstes in dem einen und anderen Gedächtnis zu einem Wissen um lebensteiliges Gelingen. Aus diesem Gewissen entsteht ein Wissen um das Gerechte. Es lässt sich nicht auf eine Formel bringen, ist kein lehrbares Wissen. Es bleibt den eigenen Erfahrungen vorbehalten und damit den Wagnissen, doppelte Alterität als Möglichkeit zu erproben, Ungerechtes in Gerechtes zu kehren.

5.

Gerechtigkeit, Fragezeichen – ja, Gerechtigkeit ist fraglich. Sie ist nichts, das es gibt, nichts, das besteht. Sie ist und bleibt ein Versuch. Das ist, wie ich sie verstehe, ihre praktische Natur. Als Versuch steht sie aber nicht im menschlichen Belieben. Er ist dem Lebenskünstler vorbehalten. Das ist der Mensch, dem sein Leben mit Anderen notwendig geworden ist, einer, der die Anderen und sich braucht, das Leben der Anderen und das eigene. Dieses Sichnötighaben ist das erste Werk der Lebenskunst und damit ein Werk der Freiheit. Kein Mensch ist, um den alten Ausdruck zu gebrauchen, ›an und für sich‹ nötig. ›Ich habe dich bei deinem Namen gerufen, du bist mein‹ (Jes 43,1) – ja, das ist eine wunderbare Überlieferung religiöser Poesie, die dem Menschen sagt, dass er nicht von ungefähr lebt, sondern unter den Lebenden gebraucht ist. Was da gerufen ist, ist vom Range einer Vokation: Gerufen, ist er zum lebendigen Menschsein berufen. Ich sehe darin eine Form künstlerischer Selbstberufung. Der Lebenskünstler ist eben wirklich ein Künstler. Die Berufung zur

[10] Ich vergesse bei Kants Ausführungen zu Achtung nie, wie sie bei ihm »Demüthigung« qua »intellectuelle Verachtung« von dem Menschen wesenhaft Zugehörigem zur notwendigen Voraussetzung hat (Immanuel Kant, Kritik der praktischen Vernunft, in: Ders., Kants Werke. Akademie-Textausgabe Bd. V, Berlin 1968, 75–79).

eigenen Kunst kann aber von niemandem Anderen als vom Berufenen selbst ausgehen. Das ist erhellende, nicht entzaubernde Aufklärung. Der Mensch, der sich in seinem Leben nötig wird, wird sich aus sich selbst nötig. Das ist kein Solipsismus, keine einsame Leistung eines Vereinzelten. Vom ersten Freiheitsgebrauch an ist der Lebenskünstler durch Andere mitbestimmt, durch Möglichkeit und Notwendigkeit der Lebensteilung mit Anderen. Die ›Selbst‹berufung ist kein spontaner Einfall eines Einzelgängers, sondern ein aus gelingendem Miteinander und aus dem erfahrenen Fehl von Miteinander gewachsenes Bejahen des Lebens, das nun das Größtmögliche will: die Steigerung des Lebens, die Überhöhung des Lebens, das nur der Lebensbewältigung lebt, das nicht mehr kann und will, als die Herausforderungen zu akzeptieren, die sich von Tag zu Tag einstellen. Selbst wenn dann noch die Rechnung an das Leben ausgestellt wird, dass es sich lohnen, man etwas für den eigenen Einsatz von ihm haben müsse, bleibt es bei der Kunstlosigkeit, ja Fatalität. Nein, es ist etwas ganz Eigenes, auf das Leben als ein Werk der Kunst zu setzen, auf etwas, das die Wirklichkeit der Lehenswelt verändert, indem sie dieselbe überhöht, ohne sie in eine andere Welt zu verlassen. Der Versuch der Gerechtigkeit, dieser Selbstversuch des auf immer mit sich selbst im Streit liegenden Menschen ist eine einzigartige Form lebenskünstlerischer Überhöhung der Lebenswirklichkeit. Gerechtigkeit ist nichts, was sich durch den Realitätssinn als Wirkliches konstatieren ließe. Sie ist der Weg miteinander lebender Ungleichartiger und Gleichartiger, die es wagen, im Streit miteinander ihre Eigenarten zu stärken, durch Lebensteilungskunst auf eine höhere Ebene zu heben und so als möglichen Baustein des Humanum zu erproben. Die Ungleichheit mit ihrer Ungerechtigkeit bedeutet für dieses Unterfangen nicht nur kein Hindernis, sondern ist genau das, was zu dem Wagnis anstößt, sie auszutragen und zum Grund menschlichen Gelingens zu machen. Gerechtigkeit als ein Unterwegs von auf Lebensteilung angewiesenen Menschen braucht Streit, ist Streit. Die *Pax Augusta*, die mit starker obrigkeitlicher Gewalt einen länderweiten friedlichen Zustand des Miteinanders selbst größter Ungleichheiten ermöglichte, ist kein Vorbild für den von mir entwickelten Gedanken der Gerechtigkeit. Mag die Sicherheit in diesem Friedensreich selbst so groß gewesen sein, dass man es sich leisten konnte, die Sache mit den Sklaven auf humanere Weise zu regeln, so zeigt sich hier doch kein Streit zum Guten. Die ›Gerechtigkeit‹ ist wie aufoktroyiert. Die Ungleichen kommen miteinander aus, aber es entwickelt sich kein einander Brauchen, das die Eigenarten stärkte und sie praktisch bewusst werden ließ, Bausteine des Humanum zu sein. Gute Gesetze folgen dem gelingenden Leben, schreiben es nicht vor. Das einander Brauchen lässt sich nicht in Normen gießen und von oben durchsetzen. Es lassen sich allein gesetzliche Schutz- und Schonräume schaffen, die dem spontanen Wachstum eines Streits zum Guten förderlich sind. Am meisten hinderlich für lebensteiliges Gelingen auf dem Grund von

Ungleichheit sind heute nicht die verbliebenen Vorurteile, sondern die politisch und gemeinschaftlich in Praxis umgesetzte Idee der Einebnung der Ungleichheiten. Mit Eifer erklärt man Männer und Frauen für gleich, Muslime und Christen, Gesunde und Behinderte, um ihnen so die Möglichkeit zu nehmen, ihren lebensteilig nötigen Streit zum Guten zu führen, der die Eigenheiten in ihrer Ungleichheit stärkt, um sie in ihrer je eigenen Würde für das Miteinander fruchtbar zu machen.

6.

Zum Schluss noch kurz ein Wort zu den beiden extremen Rechtslagen unserer endlichen Existenz. Menschliches Leben beginnt in völliger Hilfslosigkeit und endet zumeist in völliger Hilfslosigkeit. Der neugeborene Säugling kann mit der Mutter nicht selbsthaft streiten, der im letzten Stadium der Hinfälligkeit Befindliche nicht mit den Pflegenden. Das sind die Zeiten einer ganz besonderen Form der Lebensteilungskunst, nämlich die der Belehnung des Anderen mit dem eigenen Selbst. Das garantiert, dass neugeborenes Leben von der ersten Stunde an und hinfälliges Leben bis zur letzten Stunde selbsthaft sind, selbsthaft genug, um für seine Rechte zu streiten: das Neugeborene für einen würdigen Eintritt in die Lebensteilungsgemeinschaft, der Hinfällige für einen würdigen Abschied. Trägt die Mutter den ersten Streit um das Leben des Kindes und tragen die Pflegenden den letzten Streit um das Sterben der nicht mehr Lebensfähigen allein mit sich selbst aus, dann ist die Größe ihrer Kunst als Wagnis des Humanum daran zu ermessen, wie sehr es ihnen gelingt, in ihrer Selbstbelehnung den Anderen nicht nur den Anderen, sondern auch anders sein zu lassen – Lebensteilungskunst als Kunst des Willkommenheißens und des Abschiednehmenlassens.

Das Gesetz, das Leben, der Tod und die Frage nach dem wahren Selbstverhältnis

Eine systematische Paulusstudie

Tom Kleffmann

1. Fragestellung und These

In der theologischen Paulusinterpretation der letzten Jahrzehnte blieb nicht selten gerade die Schlüsselfrage der paulinischen Theologie weitgehend unbeachtet. Dies geschieht zum einen insbesondere dort, wo im Gegenzug gegen eine angeblich spezifisch reformatorische Paulusinterpretation, die einseitig an der Rechtfertigung des Sünders allein durch Glauben, nicht durch Gesetzes Werke orientiert sei, ein im Grunde doch affirmativ jüdisches Gesetzesverständnis des Paulus behauptet wird. Und zum anderen geschieht die mangelnde Beachtung dieser Schlüsselfrage nicht selten auch dann, wenn als Kerngedanke des Paulus statt der Rechtfertigung des Sünders die Partizipation oder Teilhabe an Christus hervorgehoben wird.

Diese Schlüsselfrage der paulinischen Theologie ist die Frage nach dem Subjekt des Lebens und Handelns. Es geht um die nicht triviale Frage: Wer ist es, der lebt und handelt? Genauer, nämlich im Blick auf das Gottesverhältnis gefragt, welches den Menschen, sein Leben qualifiziert, ergeben sich zwei Fragekomplexe. Der eine Komplex bezieht sich auf den Menschen, der nicht an Christus glaubt – den Menschen unter der Macht (dem Gesetz) der Sünde. Er ist es, der von der Gesetzesforderung Gottes angesprochen wird. Wie ist der Täter der vom Gesetz geforderten Werke gedacht? Und was bedeutet es für das Selbstverhältnis des so Angesprochenen, wenn er durch die Gesetzesforderung seine Sünde erkennt (Röm 3,20)? Der andere Komplex bezieht sich auf den Menschen, der im Glauben an Christus vom Gesetz der Sünde befreit ist. Was geschieht mit dem Menschen als Subjekt des Lebens (des Denkens und Handelns), wenn Gott ihn ›gerecht macht aus Glauben an Jesus‹ (Röm 3,26)? Wie denkt Paulus den gerechtfertigten Sünder in der Gemeinschaft Christi? Wer ist es genau, der von der paulinischen Paränese angesprochen wird? Und wer ist es, der im Glauben und frei vom Gesetz doch das Gesetz erfüllt?

Für alle in diesen Fragen angeklungenen Themen, nämlich Gesetz, Sünde, Glaube, Rechtfertigung, Gerechtigkeit, Heiligung, ist die Frage nach dem Subjekt des Lebens, genauer: nach dem konstitutiven Selbstverhältnis die Schlüsselfrage. Sie ist die Schlüsselfrage für die paulinische Theologie.

Natürlich kannte Paulus nicht den Begriff des Selbstverhältnisses. Aber die Einsicht, dass der Mensch keine einfache Identität im Verhältnis zu Gott und den Menschen ist, sondern dass das Verhältnis zum Anderen immer auch ein Selbstverhältnis impliziert – diese Einsicht findet sich (wie zu zeigen ist) der Sache nach ganz präzise.

Der Grundgedanke ist folgender: Der Mensch, der für sich lebt (der für sich selbst Subjekt seines Lebens ist), steht faktisch unter dem Gesetz der Sünde. Sein Selbstverhältnis besteht in der Struktur der Fleischlichkeit - das herrschende Prinzip seines Lebens ist es, Dinge und Menschen für sich zu begehren und zu gebrauchen. Dieser Mensch wird vom Gesetz Gottes angesprochen. Die Gemeinschaft oder Gerechtigkeit, die das Gesetz fordert, widerspricht dem Prinzip seines Lebens. Das Urteil des Gesetzes Gottes besagt als Wahrheit seines Lebens den Tod. Doch geht aus diesem Tod des Menschen unter dem Gesetz der Sünde, den die Selbsterkenntnis realisiert, neues Leben hervor. Denn indem dieser Tod geglaubt wird als der, den Christus zuvor schon für mich gestorben ist, wird mir die Gemeinschaft geschenkt, die das Gesetz (zur Rechtfertigung) fordert. Indem ich meinen Tod als alter Mensch im Tod des Sohnes erkenne, lebt der Auferstandene in mir und ich in ihm. Glauben heißt insofern, dass mein Selbstverhältnis (das Prinzip meiner Identität) nun das Verhältnis zu Christus ist - nämlich indem ich den Satz sagen kann: »Christus lebt in mir«. Eben darin ist die Gemeinschaft geschenkt, die das Gesetz vergebens forderte. Das *Tun* der Gemeinschaft aber, die Liebe, die das Gesetz vom alten Menschen heteronom forderte (unerfüllbar, da sie seinem Selbstverhältnis widerspricht), ist nun einfach die (autonome) Selbstentsprechung dessen, in dem Christus lebt. - Soweit vorab der Grundgedanke.

Ich bin der Auffassung, dass eben dieser Zusammenhang in der Tat die Mitte des Christentums ist, also die maßgebliche Weise, in der sich Menschen auf das Kreuz und die Auferstehung Christi beziehen können. Augustin hat den theologischen Ausdruck dieser Mitte mit seiner Sünden- und Rechtfertigungslehre weiterentwickelt, und Luther hat diese Mitte für seine Zeit wiederentdeckt - und insofern haben sie Paulus besser verstanden als manche, die heute ihre Wirkungsgeschichte in der Paulusexegese kritisieren. Auch heute ist es die systematisch theologische Aufgabe, genau dies begrifflich so zu klären, dass es als Mitte des Christentums aktuell zur Sprache gebracht werden kann.

Im Folgenden werde ich zunächst eine kurze Skizze der in meinen Augen teils problematischen, teils jedenfalls differenzierungswürdigen Tendenzen der jüngeren Paulusforschung geben. Sodann versuche ich eine kompakte Paulusinterpretation hinsichtlich jener Schlüsselfrage.

2. SKIZZE PROBLEMATISCHER TENDENZEN IN DER JÜNGEREN PAULUSFORSCHUNG

Ich beziehe mich auf die sog. ›Neue Perspektive‹ auf Paulus, die in der angelsächsischen Theologie vor allem von Krister Stendahl, James Dunn sowie Ed Sanders entwickelt wurde und wird und auch in Deutschland spätestens seit den 80er Jahren bekannt und teilweise einflussreich wurde. Manche Ansätze wurden allerdings schon 1904 von William Wrede und 1930 von Albert Schweitzer vorweggenommen.[1] Ich versuche, den gemeinsamen Grundzug nachzuzeichnen und vernachlässige die Differenzen.

Schon überhaupt, dass die Rechtfertigungslehre für die Theologie des Paulus zentral sei und das Wesen des Christentums bezeichne, wird für eine Fehlinterpretation in augustinischer und lutherischer Perspektive verstanden.[2] Wenn Paulus die Rechtfertigung ohne des Gesetzes Werke, allein im Glauben an Christus betone, gehe es nicht um eine im Verhältnis zum jüdischen Gesetzesverständnis[3] grundsätzlich veränderte Stellung des Menschen vor Gott. Denn mit dem Gesetz sei hier nicht das Gesetz Gottes überhaupt gemeint, etwa im Sinn der Tora, sondern lediglich – so James Dunn – seine Funktion der Identitätstiftung bzw. Abgrenzung gegenüber den Völkern (identity marker bzw. boundary marker).[4] Paulus käme es dann nur darauf an, dass das Gesetz in dieser Funktion insbesondere für die Heidenchristen keine Bedeutung mehr habe. Durch Christus sei der Bund auf alle Menschen erweitert worden und so im Glauben an ihn das Tun des Gesetzes allen Menschen möglich – also lehnte Paulus lediglich einen mit dem Gesetz etwa verbundenen jüdischen Anspruch exklusiven Heils ab.

Insbesondere Ed Sanders hat diese Argumentation teils gestützt, teils vorbereitet durch die an sich richtige und in der Tat weiterführende Feststellung, dass das Tun des Gesetzes im jüdischen Sinn nicht zum Erreichen des Heils, sondern zum Bleiben in der Gnade des Bundes dient (der sog. Bundesnomis-

---

[1] Vgl. JENS SCHRÖTER, Der Mensch zwischen Wollen und Tun. Erwägungen zu Römer 7 im Licht der »New Perspective on Paul«, in: Paulus – Werk und Wirkung. Festschrift für Andreas Lindemann zum 70. Geburtstag, hg. von PAUL-GERHARD KLUMBIES und DAVID S. DU TOIT unter Mitwirkung von TORSTEN JANTSCH und NILS NEUMANN, Tübingen 2013, 195–223: 197; CHRISTOF LANDMESSER, Umstrittener Paulus, in: ZThK 105 (2008), 393.400. – Zu Albert Schweitzer vgl. TOM KLEFFMANN, Nietzsche und die evangelische Theologie. Eine Interpretation Nietzsches und Untersuchungen zu seiner Rezeption bei Schweitzer, Tillich und Barth, Tübingen 2003, 398ff., besonders 404–409.

[2] Ihr sei im 20. Jahrhundert dann insbesondere auch Bultmann verfallen. Belege bei LANDMESSER, Paulus (s. Anm. 1), 393.396; SCHRÖTER, Mensch (s. Anm. 1), 195f.

[3] Die Frage ist, inwiefern hier das »Gesetz der Vernunft« parallel zu sehen ist – vgl. Röm 7,23 in Verbindung mit 2,14f.

[4] Zu James Dunn vgl. LANDMESSER, Paulus (s. Anm. 1), 403.

mus).[5] Außerdem gehört zu dieser Gnade des Bundes gegenüber der Sünde die Möglichkeit der Sühne durch das Mittel des stellvertretenden Opfers. Beides widerspricht der Fiktion des Judentums als Religion der Werkgerechtigkeit.

Der Kontext alttestamentlicher Opfertheologie ist in der Tat eine Möglichkeit, die paulinische Rechtfertigungslehre besser zu verstehen – freilich nicht, um die paulinische Rede vom Tod des Menschen unter dem Gesetz und vom neuen Leben im Glauben an Christus zu relativieren, sondern um ihren eschatologischen Überbietungsanspruch besser zu verstehen.

Der Hintergrund der Sühnetheologie etwa von Röm 3,21ff. ist hier nicht zu diskutieren. Es reicht aus, den Grundzusammenhang ins Auge zu fassen. Dessen systematische Relevanz wird insbesondere in der Interpretation von Hartmut Gese und Bernd Janowski deutlich[6], auch wenn diese im Einzelnen in der alttestamentlichen Exegese umstritten ist.

Schon in der priesterschriftlichen Sühnetheologie ist es der Tod als Wahrheit des Sünders, den das Opfer stellvertretend erleidet. Um Sühne, d.h. Rechtfertigung zu erlangen, ist es dabei wesentlich, dass sich der Sünder mit dem Opfer identifiziert, d.h. den Tod des stellvertretenden Opfers als seine eigene Wahrheit versteht. Eben diese Bedeutung hat bei Paulus der rechtfertigende Glauben an die Hingabe des Sohnes Gottes. Denn indem der Sünder glaubt, dass Christus für den Sünder gestorben ist, versteht er sich auch darin, mit Christus gestorben zu sein. Der entscheidende Unterschied zu jeder alttestamentlichen Sühnetheologie aber liegt darin, dass für Paulus die Todesverfallenheit der Sünde nicht nur eine kontingente Krise des Bundes, sondern schlechthin allgemein und total ist.

Damit ist auch der Unterschied zu jeder Theologie bezeichnet, die den Bund als Möglichkeit versteht, das Gesetz zu tun – und Sünde also nur als kontingente Übertretung versteht. Die Frage ist, wie Paulus die Allgemeinheit seiner Behauptung begründet, auch die Juden täten das Gesetz nicht, sondern seien ›unter der Sünde‹.[7] Zwar zeichnet es sie vor den Heiden aus, dass sie im Sinne des Bundes nach der Gerechtigkeit Gottes trachten – doch ›zu streben,

---

[5] Vgl. Ed P. Sanders, Paulus und das palästinische Judentum. Ein Vergleich zweier Religionsstrukturen [im engl. Original 1977], STUNT 17, Göttingen 1985; dazu Landmesser, Paulus (s. Anm. 1), 397–400.

[6] Vgl. nur Hartmut Gese, Die Sühne, in: Ders., Zur biblischen Theologie. Alttestamentliche Vorträge, BevT 78, München 1977, ^{2}1983, 85–106, besonders 104–106. Dazu Peter Stuhlmacher, Zum Thema Rechtfertigung, in: Ders., Biblische Theologie und Evangelium. Gesammelte Aufsätze, WUNT 146, Tübingen 2002, 23–65: 54f.; Helmut Merklein, Paulus und die Sünde, in: Ders., Studien zu Jesus und Paulus II, WUNT 105, Tübingen 1998, 316–356: 353, sowie »Nicht aus Werken des Gesetzes...«. Eine Auslegung von Gal 2,15–21, in: a.a.O., 303–315: 310ff.

[7] Insofern haben sie ›keinen Vorzug‹ – ›es gibt keinen Gerechten‹ (Röm 2,13.17ff.; 3,9f.).

die eigene Gerechtigkeit aufzurichten‹, also Gerechtigkeit im eigenen Sein und Tun zu beanspruchen, verkennt die ›Gerechtigkeit Gottes‹ (Röm 9,31; 10,2-4) und erweist sich, nur spezifische Gestalt des Unter-der-Sünde-Seins zu sein. Auch im Blick auf die Juden gilt also: Solange sich der Mensch selbst als Subjekt seines Lebens und Tuns behauptet (sei es vor Gott oder nicht), ist er unter der Sünde - solange bis er den Tod als seine Wahrheit realisiert. Wenn aber diese Todeswahrheit allgemein und total ist, dann bedeutet das weiter, dass das Heil der Rechtfertigung oder Sühne allein in der eschatologischen Überbietung der Sühnegnade liegt, in der der Sohn Gottes selber sich ein für alle Mal als Sühnemittel für alle gibt - indem er sich der Todeswahrheit des Sünders aussetzt. Die Rechtfertigung als Leben aus dem Tod kann also nur die Gemeinschaft mit dem Auferstandenen sein.

Dieser Hintergrund wird jedoch dann nicht verstanden, wenn gesagt wird, dass für Paulus durch Christus im Wesentlichen der Bund auf alle Menschen erweitert worden sei, so dass im Glauben an ihn das Tun des Gesetzes allen Menschen möglich ist - dies zeige die paulinische Paränese oder seine Rede vom Gesetz Christi.[8] Die entscheidende Frage nach dem Subjekt des Tuns des Gesetzes ist hier offensichtlich nicht im Blick, genauer: der notwendige Tod des Sünders, die Negation des Menschen für sich als Subjekt seines Lebens und Tuns überhaupt.

Selbst wenn wie in Röm 7 von der völligen Paralyse des Menschen die Rede ist, der durch den Widerspruch des Gesetzes Gottes das ›Gesetz in den Gliedern‹ (Röm 7,23) erkennt, wird dies etwa von Krister Stendahl lediglich als Äußerung zur Ethik verstanden - als Reflexion des allgemeinen Widerspruchs zwischen gewusstem Sollen und Tun,[9] sozusagen als etwas hysterischer Ausdruck dessen, dass auch Christen das Gesetz nicht ganz erfüllen können. Es geht hier aber gar nicht um Ethik, d.h. das Tun als solches, sondern um das Subjekt alles Tuns, welches durch das Gesetz Gottes seine Konstitution, das Gesetz seiner Identität erkennen muss - und damit seine völlige Unfähigkeit zum Guten. Durch den Widerspruch des Gesetzes Gottes wird das Fleischlichsein (7,14), das im Verhältnis zum Anderen herrschende Selbstverhältnis des für sich Begehrens erkannt: ἐγὼ δὲ σάρκινός. Auch wenn dies nicht erkannt ist, ist es faktisch das Selbstverhältnis des Menschen, der für sich Subjekt seiner Werke ist. So kann das Gesetz nur den Tod als Wahrheit des Menschen aussprechen, der für sich selbst Subjekt seines Lebens, seiner Werke ist (vgl. Röm 7,11: die Sünde tötete mich durch das Gebot). Konkret

[8] Vgl. James D.G. Dunn, The Theology of Paul the Apostle, Grand Rapids (Mi.)/Cambridge 1998, 631–658.

[9] Vgl. Krister Stendahl, Paul and the Introspective Conscience of the West [1963], in: Ders., Paul among Jews and Gentiles and other Essays, Philadelphia 1987, 78–96: 93; dazu Schröter, Mensch (s. Anm. 1), 202f.

besteht dieses Getötetwerden eben in der paralysierenden Entzweiung, in der ich mein eigenes herrschendes Selbstverhältnis als nichtig, dem Gesetz (oder der Gerechtigkeit) Gottes widersprechend erkenne. Allein im Glauben, indem in ihm dieser Tod zum ›Getötetwerden durch den Leib Christi‹ bestimmt ist, ist er besiegt – also durch die Zugehörigkeit zum auferstandenen Christus als neues Selbstverhältnis (7,4: ὑμεῖς ἐθανατώθητε τῷ νόμῳ διὰ τοῦ σώματος τοῦ Χριστοῦ, εἰς τὸ γενέσθαι ὑμᾶς ἑτέρῳ, τῷ ἐκ νεκρῶν ἐγερθέντι).

Wenn dies nicht klar gefasst wird, wird auch der Zusammenhang von Rechtfertigung und Leben (bzw. Heiligung) missverstanden – und damit die Bedeutung der Rechtfertigung überhaupt.[10] Wird nicht bedacht, dass die Rechtfertigung des Sünders seinen Tod bedingt und ihn völlig neu, d.h. als Leben aus dem Tod, im Christusverhältnis begründet, dann können Rechtfertigung und Heiligung nicht klar unterschieden werden. Denn der Sünder unter dem Gesetz und das Subjekt der Heiligung im Tun der Werke wird als kontinuierlich dasselbe Subjekt vorausgesetzt. Die Rechtfertigung erscheint dann (so etwa bei James Dunn) als Beginn des Erlösungsprozesses, der sich im Tun des Gesetzes vollendet. Das kommt der pelagianischen Uminterpretation des Paulus recht nahe.[11]

Der mangelhaften Wahrnehmung des Zusammenhangs von totaler Sünde, Tod (also der Verneinung des Subjekts, das ich für mich und damit unter Sünde bin) und Rechtfertigung als Mitsterben entspricht nun auf der anderen Seite eine starke Konjunktur der Auffassung, als Kerngedanken des Paulus nicht mehr die Rechtfertigungslehre, sondern die Partizipation an Christus herauszustellen.[12] Wenn aber die Christusgemeinschaft nicht gleichursprünglich mit der Rechtfertigung des Gottlosen durch den Glauben an Christus verstanden wird,[13] dann ist auch nicht klar, wie das Ich in der Christusgemein-

---

[10] Vgl. auch Schröter, Mensch (s. Anm. 1), 205f. mit Belegen zu James Dunn.

[11] Schon Landmesser (Paulus [s. Anm. 1], 406f., in Anm. 88 mit Literatur zum pelagianischen Streit) deutet den pelagianischen Bezug an. Zu Pelagius vgl. Ders., Expositions of thirteen Epistles of St. Paul, hg. v. Alexander Souter, TaS IX 1–3, Cambridge 1922–1931 (zum Römerbrief vgl. Bd. 2, 1926, 6–126).

[12] So etwa Ed Sanders im Anschluss an Wrede und Schweitzer (der Frage, wie dabei etwa Sanders Christus versteht, ist hier nicht nachzugehen). Aber z.B. auch Udo Schnelle stellt den Gedanken der Partizipation oder des In-Christus-Seins in den Mittelpunkt; zu einer begrifflichen Bearbeitung der Frage, wie die Christus-Beziehung als In-Christus-Sein zu denken ist (vgl. Paulus, Leben und Denken, Berlin/Boston ^{2}2014, 519: der Mensch »findet sein Selbst in der Christus-Beziehung«), kommt es nicht. Vgl. insgesamt a.a.O., 516–520, sowie Theologie des Neuen Testaments, Göttingen 2007, 200–203.

[13] Landmesser kritisiert zu Recht, dass oft der »Zusammenhang zwischen Rechtfertigung und Partizipation nicht angemessen bestimmt« sei (Paulus [s. Anm. 1], 404). –

schaft oder auch in der Gemeinschaft des Geistes bestimmt ist. Dieser Mangel beginnt schon im Ausdruck der Partizipation oder Teilhabe selbst, da er die Frage nach dem Subjekt ausklammert und eine Art substantieller Teilidentität unterstellt. Für Paulus dagegen impliziert die Christusgemeinschaft eben den Tod des vom Gesetz Gottes angesprochenen Menschen unter dem Gesetz der Sünde – das im Glauben geschehende Mitsterben mit Christus, aus dem ein neues Selbstverhältnis im Verhältnis zum auferstandenen Christus hervorgeht. Eben das bringt die Rechtfertigungslehre präzise zum Ausdruck.

Bei der folgenden knappen Darstellung dieses Zusammenhangs versuche ich die Waage zu halten zwischen der Berücksichtigung des zeitlichen Kontextes, in dem etwa die Begriffe Gesetz und Tod zu verstehen sind, und dem Ziel, ihn gegenwärtig systematisch zu rekonstruieren. Die Textgrundlage bilden hauptsächlich der Galater- und der Römerbrief.

3. Gesetz und Rechtfertigung, Tod und Leben. Die Frage nach dem Subjekt bei Paulus

3.1 Mitsterben mit Christus

Glaube ist für Paulus das Übergegangensein in ein Leben, in dem der Mensch sich in Christus und Christus in sich findet, von dem ich also sage: ›Ich lebe, doch nun nicht ich, sondern Christus lebt in mir‹ (Gal 2,20). Indem Christus – vorläufig gesagt: Gott in seiner Gemeinschaft mit dem Menschen – Gegenstand meines Glaubens ist, wird diese Gemeinschaft zum bestimmenden Grund meines Lebens. Genauer: Im Verhältnis zu Christus habe ich nun mein durchgängiges Selbstverhältnis. Meine Identität im Verhältnis zur Welt, zu den Menschen habe ich nicht durch mich, sondern durch Christus; ich habe sie nicht in mir, sondern in Christus. Denn indem er bestimmender *Grund* meiner Identität ist (Christus lebt *in mir*), finde ich sie (durch Glaube und Liebe) zugleich außer mir in *ihm* – denn Christus ist Gott selbst in seiner eschatologischen Gemeinschaft mit mir und allen Menschen.

Doch dass Christus bestimmender Grund meiner Identität ist, die ich in ihm finde, das setzt den Tod des Menschen voraus, der unter dem Gesetz ist (Röm 6,14 im Kontext von 6,2ff.; 7,1ff.), also den Tod des alten Menschen, der für sich selbst Subjekt seines Lebens, Grund seiner Identität ist. Auch der alte Mensch unterliegt einem Prinzip seiner Identität – der Herrschaft, der Macht, dem Gesetz der Sünde (Röm 7,23). Indem ihm das Gesetz Gottes widerspricht und er sich im Urteil des Todes erkennen muss, ist er als identisches Subjekt des Lebens verneint: ›nicht ich lebe‹.

Vgl. auch Paul-Gerhard Klumbies, Die Rede von Gott bei Paulus in ihrem zeitgeschichtlichen Kontext, Göttingen 1992, 196f.

›Ich bin durch das Gesetz dem Gesetz gestorben. [...] Ich lebe, doch nun nicht ich‹ (Gal 2,19f.). Das Gesetz Gottes, sofern es letztlich durch Liebe erfüllt wird (Röm 13,8-10; Gal 5,14), ist εἰς ζωήν (Röm 7,10). Doch spricht es als Gesetz den Menschen für sich an, der als solcher vom Gesetz der Sünde, von der Notwendigkeit des ›nach dem Fleisch‹ (κατὰ σάρκα) Lebens (vgl. Röm 8,5) bestimmt wird (vgl. auch Gal 3,19: das Gesetz ist wegen der Übertretungen dazugekommen). Deswegen kann das Gesetz auch nicht lebendig machen (Gal 3,21).

Das Beherrschtwerden von der Sünde und damit das ›nach dem Fleisch‹ Leben ist als ein Prinzip zu verstehen, mit dem sich die Identität des Menschen vermittelt - für diese Identität steht das verneinte Ich: ›nicht ich lebe‹. Das verneinte Ich bzw. sein Leben steht unter dem Gesetz, in allen Verhältnissen für sich zu begehren. Das bleibt auch so, wenn es dies durch den Widerspruch des Gesetzes Gottes erkennt (und insofern davon entzweit ist). So kann das Urteil des Gesetzes Gottes, welches als Wahrheit (als Grund und Ziel) des Lebens die Gemeinschaft fordert, als seine wirkliche Wahrheit nur den Tod aussprechen - die Nichtigkeit seiner Identität vor Gott (die Nichtigkeit, die die Wahrheit des Lebens ist, dessen Subjekt er für sich ist). Eben diese Wahrheit des Todes vollzieht das Gesetz im Prozess der Rechtfertigung allein durch Glauben, d.h. in der Selbsterkenntnis, die der Glauben impliziert. ›Ich bin durch das Gesetz dem Gesetz gestorben, damit ich Gott lebe‹ - denn der Glaube an Christus bedeutet, dass eben diesen Tod des Sünders, diese Nichtigkeit der Identität, die ich für mich und durch mich habe, Christus am Kreuz für mich erlitten hat. Indem er sie für mich erlitten hat, hat er sie als meine Getrenntheit aufgehoben - genau dies realisiert der Glaube.

Rechtfertigung des Sünders ist dies, weil das Todesurteil des Gesetzes vollzogen wird, aber als Mit-Christus-Gestorbensein, so dass dessen Selbsthingabe (Opfer) aus Liebe zu mir (Gal 2,20) den Tod als Getrenntheit überwindet (Versöhnung schafft) und ein neues, vom Leben des Auferstandenen bestimmtes Selbstverhältnis ermöglicht. So wird im Glauben die in Gemeinschaft bestehende Gerechtigkeit wiederhergestellt. Statt für mich (und d.h.: faktisch unter der Sünde) zu leben, lebe ich Gott - denn ›Christus lebt in mir‹.

Überall, wo von der Bedeutung Christi für mich die Rede ist - auch dort, wo vom ›Sein in Christus‹ die Rede ist,[14] ist von Vollzug und Überwindung des Todes des Sünders die Rede; also mindestens implizit von der Rechtfertigung durch den stellvertretenden Tod.[15] Wenn also mit Paulus gesagt werden soll,

---

[14] Vgl. Emmanuel L. Rehfeld, Relationale Ontologie bei Paulus, WUNT II/326, Tübingen 2012, 44ff., besonders aber 281ff.

[15] Luther hat diesen unlösbaren Zusammenhang bei Paulus nie außer Acht gelassen, sondern vielmehr neu zur Geltung gebracht hat – also den Zusammenhang zwischen der Rechtfertigung durch den stellvertretenden Tod Christi, den ich im Glauben als

dass ich im Glauben an Christus teilgewinne an dessen Auferstehungsleben, am ewigen Leben in der Gemeinschaft Gottes, so ist dies entscheidend zu präzisieren: Als Subjekt, das für sich lebt, habe ich nicht teil an Christus, sondern indem ich als das vermeintlich einfach identische Subjekt gerade negiert bin und mich als neue Kreatur in Christus (2Kor 5,17)[16] finde.[17] Neue Kreatur heißt, dass ich unter der Bedingung jener Negation Kreatur der Liebe Christi bin, der sich für mich gegeben hat. Indem ich ihr glaube, vermittelt sie die Identität eines neuen Lebens. Dass ich in Christus bin, dass ich Gott in Christus lebe (Röm 6,11), dass ›einst in Christus alle lebendig gemacht werden‹ (1Kor 15,22), heißt dass ich meine Identität nicht selbst vollziehe und in mir selbst (in meinem leiblichen Bestand, im Bestand meiner Taten) habe, sondern in ihm meinen Grund und mein Ziel, meine Identität finde - in der schöpferischen und eschatologischen Gemeinschaft Gottes mit allen Menschen, die Gott (als Sohn) ewig ist. Die Auferstehung des für uns Gekreuzigten antizipierte diese Gemeinschaft in der Zeit, damit sie sich verwirklicht, indem sie geglaubt wird.

Dass ich in ihm meine Identität finde bedeutet aber für mein gegenwärtiges Leben im Fleisch: er lebt in mir (vgl. außer Gal 2 noch Röm 8,10; 2Kor

---

meinen Tod realisiere, und der Christusgemeinschaft. Gerade im Anschluss an Gal 2,19f. betont Luther wiederholt, dass die Christusgemeinschaft, die ich im Glauben realisiere, den Tod des Menschen impliziert, der für sich lebt – sie impliziert also eben das, was sonst die Rechtfertigung im Glauben an den stellvertretenden Tod Christi heißt. Und umgekehrt bedeutet Rechtfertigung Christusgemeinschaft. Zu WA 40/I, 282,15–283,32; 279,34; 280,11f.; 433,17ff.; 437,25ff; 443,23ff. (Große Galaterbriefvorlesung) vgl. vom Vf. Grundriß der systematischen Theologie, Tübingen 2013, 198f. sowie Ders., Die Erbsündenlehre in sprachtheologischem Horizont, Tübingen 1994, 219f. – Denselben Zusammenhang zeigt z.B. auch schon der Hauptgedanke aus der Freiheitsschrift: Wenn die Selbsterkenntnis durch das Gesetz realisiert, »Wie alle deyn leben und werck nichts seyn fur gott« dann besteht die Freiheit der Rechtfertigung aus Gnade darin, dass »du« im Vertrauen auf Christus »auß dir und von dir« loskommst (These 6, vgl. 8 – WA 7, 22,26–32; dazu Grundriß, 195). Das geschieht, indem die Seele im Glauben mit dem Wort vereinigt wird (These 10: WA 7, 24,22ff.). Luther meint also keine substantielle oder personale Einheit, sondern eine Einheit in der Kommunikation, in der ich mich auf das Wort Gottes verlasse, also die Nichtigkeit des Fürsichseins realisiere und zugleich die Liebe Christi, der diese Nichtigkeit für mich auf sich genommen hat. Dasselbe sagt die berühmte These 12 und ihr Bild vom »fröhlich wechßel« (a.a.O., 25,34) oder der fröhlichen Hochzeit: der Glaube vereinigt die Seele mit Christus wie in der Gemeinschaft der Ehe, in der zwei ein Leib sind und alles Eigene teilen – indem also die Seele ihre Sünde und Nichtigkeit bei Christus aufgehoben weiß und umgekehrt »begabt« wird »mit der ewigen gerechtickeit yhrs breudgamß Christi« (a.a.O., 26,1–4).

[16] Vgl. auch Röm 8,1f. im Verhältnis zu 8,10; Gal 5,6; ferner (im Blick auf das Damaskuserlebnis) 2Kor 12,2.

[17] In dieser Nichtidentität liegt freilich auch ein Moment der Identität. Dazu gleich 3.2.

13,5) – ich habe mein durchgängiges Selbstverhältnis im Verhältnis zu Christus, der mich liebt und auf den ich mich verlasse.[18]

Das Gesagte heißt für die Frage der Gerechtigkeit: Sie kommt prinzipiell nicht dem Menschen zu, der für sich selbst Subjekt seines Lebens und Tuns ist. Dieser Mensch, dem das Gesetz Gottes seine Gefangenschaft in der Sünde (d.h.: in sich selbst) spiegelt, ist tot. Gerechtigkeit kommt mir zu als καινὴ κτίσις ἐν Χριστῷ. Sie ist nicht eine Eigenschaft des Menschen für sich oder seines Lebens oder Tuns, sondern die versöhnte Gemeinschaft, die darin besteht, dass Christus den Tod des Menschen für sich auf sich nahm, so dass ich (im Glauben) in ihm bin: ἵνα ἡμεῖς γενώμεθα δικαιοσύνη θεοῦ ἐν αὐτῷ (2Kor 5,17–21: damit wir in ihm die Gerechtigkeit Gottes werden).

3.2 Das Subjekt des Im-Fleisch-Lebens – und die Frage seiner Kontinuität im Glauben

›Das wissen wir, dass unser alter Mensch mitgekreuzigt wurde, damit der Leib der Sünde vernichtet werde und wir nicht mehr der Sünde dienen. Denn der Gestorbene ist von der Sünde freigesprochen.‹ (Röm 6,6f.)

An wen richtet sich hier die Mahnung, die Sünde im sterblichen Leib nicht herrschen zu lassen (6,12)? Sie richtet sich ja weder an den alten Menschen – er ist mitgekreuzigt – noch an den in mir lebenden Christus, noch an den Menschen im Moment der gewissen Bestimmtheit durch Christus oder den Geist seiner Gemeinschaft. Diese Frage zu untersuchen, wird auch den paulinischen Gedanken der im Glauben gegebenen Christusgemeinschaft weiter aufhellen.

Zuvor ist aber noch eine andere Frage im Hinblick auf das menschliche Subjekt des Lebens zu beantworten – nämlich die Frage, inwiefern das Leben als lebendiger Leib sowohl dem Leben als alter Mensch als auch dem Leben in der Christusgemeinschaft zugrunde liegt. Dafür ist es geraten, sich Gal 2,19f. noch genauer anzuschauen:

›Ich bin mit Christus gekreuzigt. Ich lebe, doch nun nicht Ich, sondern Christus lebt in mir. Denn was ich jetzt lebe im Fleisch, lebe ich im Glauben an den Sohn Gottes, der mich geliebt hat und sich selbst für mich dahingegeben.‹

---

[18] Eine systematisch exegetische Ausführung dieses Zusammenhangs müsste auch den Begriff des Geistes einbeziehen, der das Sichvollziehen der Gemeinschaft bezeichnet, die Christus antizipatorisch und eschatologisch ist. Dass sie in mir lebt oder sich in mir (in meinem Kommunizieren) vollzieht, lässt sich vorläufig durch eine Analogie zur menschlichen Liebe veranschaulichen (vgl. auch Kleffmann, Grundriß [s. Anm. 15], 53–56.184f.). Ich habe mein Selbstverhältnis im Verhältnis zur geliebten anderen Person, indem ich an die Gemeinschaft der Liebe, die zugesagt (offenbart) ist, glaube. Gegenstand des Glaubens ist die zugesagte, antizipierte Gemeinschaft, die sich dadurch im Leben (Kommunizieren) verwirklicht.

Sowohl das Leben unter der Herrschaft der Sünde als auch der Glaube, in dem sich der Mensch ›mit Christus gekreuzigt‹ weiß (nicht ich lebe, Christus lebt in mir) setzt voraus, dass ich überhaupt im Fleisch lebe. Dass ich im Fleisch lebe, dass ich überhaupt eine endliche Spanne lang lebe, ist die kontinuierliche Möglichkeit dessen, dass ich entweder vor Gott sagen muss, ›das Gesetz der Sünde ist in meinen Gliedern‹ (vgl. Röm 7,23), oder sagen kann, ›ich lebe, aber nun nicht ich, sondern Christus lebt in mir‹ (Gal 2,20).

Dieses Im-Fleisch-Leben ist freilich nicht etwa als dritter Modus des menschlichen Subjektseins zu verstehen – neben dem alten Menschen, der sich ganz unter der Macht der Sünde erkennen muss, und der Neuheit des Lebens, wenn Christus in mir lebt. Es ist insbesondere nicht ein zeitlich vorauslaufender Ursprungsmodus des Subjektseins. Vielmehr ist das Im-Fleisch-Leben, welches das Ich des ›ich lebe‹ bezeichnet, entweder durch das Gesetz der Sünde bestimmt oder durch Christus im Glauben, was den Tod jenes Ich unter dem Gesetz der Sünde impliziert.

Gleichwohl enthält das ›ich lebe‹ oder das Im-Fleisch-Leben auch ein Moment der Identität zwischen dem toten alten Menschen und dem neuen Leben in der Christusgemeinschaft – der Gegensatz setzt dieses Moment der Identität sogar voraus. Dass ich überhaupt lebe, bezeichnet die Möglichkeit dessen, dass ich sagen kann: ›nicht ich lebe‹. Nicht das Im-Fleisch-Leben ist zu Ende, sondern der Mensch für sich, der unter dem Gesetz steht – den das Gesetz als solchen anspricht und zur Selbsterkenntnis als unter der Macht der Sünde bringt – der ist mit Christus gestorben, indem er sich auf ihn verlässt. Es ist derselbe überhaupt – im Fleisch – lebende Mensch, der sagt: ›ich bin mit Christus gekreuzigt. [...] Christus lebt in mir‹. Aber was heißt das, dass es derselbe ist – wenn doch entscheidend ist: ›nicht ich [lebe], sondern Christus lebt in mir‹?

Es bedeutet nicht eine Kontinuität oder Identität zwischen altem Menschen und neuem Leben, die der Mensch durch sich selber hat. Hätte er sie durch sich selber, wäre sie eine Kontinuität des alten Menschen. Diese Auffassung würde sowohl das ›nicht ich lebe‹, den Tod mit Christus, als auch das im Glauben gewisse ›Christus lebt in mir‹ konterkarieren. Vielmehr besteht das Moment der Identität zwischen dem negierten für sich selbst Leben und dem neuen Leben in Christus der Möglichkeit nach in dem Leib, in dem sich das Geschöpf vom Schöpfer vorgegeben ist.[19] Seine Wirklichkeit aber besteht in der Liebe Christi zu mir schon als dem Sünder. Ich glaube ›an den Sohn Gottes, der mich geliebt hat und sich selbst für mich dahingegeben‹. Diese Liebe zu mir, als ich Sünder unter dem Gesetz war, bzw.: als ich noch für mich selbst lebte, lässt aus dem Tod des Fürsichselbstlebens das neue Leben in seiner Gemeinschaft hervorgehen: dass ich mich auf seine Liebe verlasse,

[19] Zum Leib als Gabe vgl. 1Kor 15,38.

bedeutet: ›Christus lebt in mir‹. In *mir* - d.h.: Seine Liebe, die den Tod des Fürsichlebens überwindet, indem ich mich auf sie verlasse, bestimmt das Im-Fleisch-Leben zum Leben der Gemeinschaft Christi. Das ist freilich nicht unproblematisch, wie gleich zu zeigen ist.

Eine entsprechende Frage nach der personalen Kontinuität stellt sich übrigens im Verhältnis zwischen dem toten Jesus am Kreuz und dem Auferstandenen oder im Verhältnis zwischen unserem vom Tod beendeten Leben und unserem Auferstehungsleben. Beide Male ist es gerade nicht der Mensch für sich selbst, sondern ist es die Liebe Gottes, die Leben aus dem Tod schafft, indem sie den gestorbenen Menschen in seine ewige Gemeinschaft integriert.

Der Unterschied liegt darin, dass im Fall des Glaubens, der den Tod des alten Menschen bedeutet, zugleich noch die Kontinuität des Lebens im Fleisch besteht – als Möglichkeit, den Satz zu sprechen: ›ich lebe, aber nun nicht ich, Christus lebt in mir.‹ Die Neuschöpfung bezieht sich noch nicht auf das geschöpflich-leiblich-zeitliche Leben als Ganzes, sondern erst nur auf das herrschende Selbstverhältnis.

Freilich besteht hier auch ein Zusammenhang – der Glaube ist Hoffnung: ›Wenn der Geist dessen, der Jesus von den Toten auferweckt hat, in euch wohnt, so wird er [...] auch eure sterblichen Leiber lebendig machen durch seinen Geist, der in euch wohnt‹ (Röm 8,11).

3.3 Die Bedeutung der Paränese – die Ambivalenz des Im-Fleisch-Lebens

Nun ist auf dieser Grundlage die Frage zu beantworten, an wen sich die Mahnung richtet, der Sünde nicht zu dienen.

Der Mensch, der unter dem Gesetz der Sünde lebte, ist tot: Die Selbsterkenntnis im Glauben realisiert das Urteil des Gesetzes, nämlich den Tod als die Wahrheit dieses Lebens - aber als einen Tod, den Christus für ihn gestorben ist. Doch auch wenn im Glauben der Mensch Gott lebt (Röm 6,3ff., hier: V.10f.), ergibt sich aus dem Leben im Fleisch erneut die Möglichkeit der Sünde. Das heißt nun zwar nicht sogleich, dass die Sünde über das Ich des ›ich lebe‹ herrscht, dass sie das Prinzip seiner Identität ist. Das Subjekt unter dem Gesetz oder der Macht der Sünde ist mit Christus gestorben. Insofern ›wird die Sünde nicht herrschen können über euch, weil ihr ja nicht unter dem Gesetz seid, sondern unter der Gnade‹ (Röm 6,14). Doch der sterbliche Leib bleibt als solcher der Herrschaft der Sünde gegenüber offen, seine Begierden fordern Gehorsam (vgl. 6,12). Insofern bedeutet der Glauben die Aufgabe, den Leib der Sünde zu vernichten (6,6: ἵνα καταργηθῇ τὸ σῶμα τῆς ἁμαρτίας), und zwar durch Hingabe: ›Gebt euch selbst Gott hin wie Lebende aus dem Totsein (ἐκ νεκρῶν ζῶντας), und eure Glieder Gott als Waffen der Gerechtigkeit‹ (6,13b). Gerechtigkeit heißt also hier, das leibliche Leben, statt seinen Begierden zu folgen, zum Mittel der Gemeinschaft zu machen - eben das bedeutet, aus der geschenkten Gemeinschaft Christi zu leben, als ›Lebende aus dem Totsein‹, und Gott zu leben.

Die ›Begierden des Leibes‹, die also mit dem ›Leben im Fleisch‹ überhaupt (auch unter der Bedingung des Glaubens) gegeben sind, lassen sich nüchtern als die Struktur der leiblichen Selbstbezogenheit im Verhältnis zu den Dingen und in gewisser Weise auch Menschen verstehen (wie z.B. Hunger oder sexuelles Begehren oder vielleicht auch das Begehren von leiblichem Schutz). Es ist also insofern nicht von einem Begehren die Rede, das wie z.B. die Habgier selber schon verkehrt ist und als dessen Inbegriff bei Paulus nicht selten (z.B. in Gal 5,16f.) das Fleisch (σάρξ) erscheint.[20]

Bloß als Struktur des leiblichen Lebens ist das etwas für sich Begehren weder gut noch böse, sondern zum geschöpflichen Selbsterhalt notwendig. Sünde wäre das Nachgeben oder Gehorchen (vgl. 6,12) in dem Moment des Fürsichselbstseins, in dem der Mensch vor Gott zur Liebe bestimmt ist und dies dem für sich Begehren widerspricht.[21] Wenn dann das Ich des ›ich lebe‹ den Begierden gehorchte, wäre insofern (so die systematische Interpretation) die leibliche Selbstbezogenheit im Verhältnis zu Dingen und Menschen eben nicht mehr nur leibliche Selbstbezogenheit, sondern sie wäre zum Prinzip des Fürsichselbstlebens überhaupt geworden. Oder konkret auf das Leben der getauften Christen bezogen, das entsprechende Fürsichselbstleben (Fleischlichsein im Sprachgebrauch des Paulus) würde deren eigener Wahrheit widersprechen, nämlich dem Totsein (Mitgekreuzigtsein) als Fürsichselbstlebender (als Menschen unter Sünde und Gesetz) sowie dem neuen Selbstverhältnis als Verhältnis zu Christus.

Das Ergebnis wäre also wenn nicht geradezu ein sozusagen erneuter Sündenfall, so doch ein Selbstwiderspruch des Lebens, ein Nebeneinander zweier entgegengesetzter Selbstverhältnisse. Das Mitgekreuzigtsein mit Christus, das Selbstverhältnis im Verhältnis zu Christus wäre zwar dem aktuellen Fürsichselbstleben übergeordnet, im Moment des Fürsichselbstlebens jedoch stillgestellt und erneut zu aktualisieren.[22]

---

[20] Vgl. einführend Schnelle, Paulus (s. Anm. 12), 536–542. – In Röm 1,24ff. scheint Paulus davon auszugehen, dass durch die schuldhafte Gottesferne bzw. Götzendienst auch die Begierden pervertieren.

[21] Dass und inwieweit das Besorgen des geschöpflichen Lebens einschließlich des ›Gebrauchens des Kosmos‹ mit der Neuheit des Lebens im Glauben vereinbar ist, reflektiert Paulus z.B. in 1Kor 7,25–38 (insbesondere im ὡς μή von 7,29–31). Konkret versteht er das leibliche Leben aber wohl nur als negative Voraussetzung für das Leben in Christus bzw. das Leben Christi in mir – d.h. es ist insofern vorausgesetzt, als in seinem Abbau durch Hingabe das ewige Gemeinschaftsleben ›im Himmel‹ aufgebaut wird: vgl. 2Kor 4,16ff., besonders 5,1.

[22] Für Luther geschieht dies durch die Predigt des Gesetzes, die zur erneuten Selbsterkenntnis in der Sünde führt und so die Aktualisierung des Glaubens an das Evangelium ermöglicht. – Die Grundfrage im Blick auf Paulus ist, was das erneute Sündigen für den Glauben im Sinne von Gal 2,19f. bedeutet. Hieran knüpft sich auch die Frage,

Die Frage, ob die paulinische Paränese vor dem Selbstwiderspruch der Christen nur warnt oder ob sie denselben auch voraussetzt und heilen will, mag zunächst offen bleiben. Denn in jedem Fall entgegnet sie seiner Entstehung: Die allgemeine Notwendigkeit der Paränese besteht darin, dass die Impulse der leiblichen Selbstbezogenheit auftreten, solange der Mensch zeitlich lebt. Von der paulinischen Paränese angesprochen wird weder der alte Mensch unter dem Gesetz der Sünde – ihm spiegelt das Gesetz Gottes im wahrsten Sinne heteronom seine Wahrheit – noch Christus in mir, wohl aber der im Glauben zur Christusgemeinschaft befreite Mensch als der, der auch noch im Fleisch lebt. Offenbar geht Paulus davon aus, dass sich die mit der Christusgemeinschaft gegebene neue Bestimmung des Lebens zur Liebe gegen die beständigen Impulse der Leiblichkeit durchsetzen muss, die als Für-sich-Begehren sonst auf das Selbstverhältnis des alten Menschen überhaupt zielen.

Das lässt sich so interpretieren: Von der Paränese angesprochen wird der Mensch im Moment des sich aus dem Impuls der Leiblichkeit immer wieder herstellenden Fürsichseins (als der, der sagt: ›ich lebe im Fleisch‹). Dieses Moment des Fürsichseins ist zwar schöpfungsgemäß und insofern supralapsarisch notwendig – aber dass es seine Bestimmung in der Hingabe erfüllt, statt sich festzuhalten, ist auch in der christlichen Existenz nicht selbstverständlich. Im unausweichlich wiederkehrenden Moment des Fürsichseins wird der Christenmensch vom Apostel auf die Wahrheit seines Glaubens und Lebens angesprochen. Paulus spricht ihn an auf die Wahrheit des Lebens, die durch die Taufe schon seine eigene Wahrheit ist, die aber gleichwohl im Moment des Fürsichseins ihre notwendige Krise erfährt – denn nur im Sichverlassen und in der Hingabe verwirklicht sie sich. In dem Moment des Fürsichseins, das sich aus dem Impuls der Leiblichkeit immer wieder herstellt, muss sich der Christ immer wieder an den Tod erinnern lassen, der die Wahrheit des Fürsichseins als solcher ist, und aus dem das wahre Leben hervorgeht: ›Versteht euch selbst als totseiend der Sünde, aber Gott lebend in Christus Jesus‹ (Röm 6,11: λογίζεστε ἑαυτοὺς [εἶναι] νεκροὺς μὲν τῇ ἁμαρτίᾳ ζῶντας δὲ τῷ θεῷ ἐν Χριστῷ Ἰησοῦ). Das Mitgekreuzigtsein ist immer wieder im Glauben als Selbstverständnis zu aktualisieren. Und der Christ wird im Moment des Fürsichseins, das sich immer wieder herstellt, dazu aufgefordert, sich selbst im Handeln zu entsprechen – dem eigenen Getauft- oder Mitgekreuzigtsein. Sich entsprechen heißt also nun paradoxerweise: dem Impuls, das Fürsichsein festzuhalten, nicht nachgeben, sondern lieben, es hingeben. Genau so wird das leibliche Leben zum Medium der Gerechtigkeit (vgl. 6,13). Dass dies für den Glaubenden Selbstentsprechung bedeutet, macht den Unterschied zur heillosen Heteronomie des alten Menschen unter dem Gesetz, das ihm nur

wie Röm 7 zu interpretieren ist: als Rückblick auf das vorchristliche Leben oder als Selbstentzweiung des Christen.

widersprechen kann. Paulus ermahnt die, die frei sind vom Gesetz, zur Autonomie des Geistes - eben zur Selbstentsprechung, die Liebe bedeutet.[23]

[23] Es versteht sich von selbst, dass diese Selbstentsprechung wiederum nicht die Tat oder Leistung des Menschen für sich ist – vielmehr ist sie Ausdruck des im Moment des Fürsichseins aktualisierten Glaubens, durch den nicht der Mensch für sich lebt, sondern Christus in ihm.

»Zurückübersetzen in die volle ganze Lebendigkeit.«

Diakonisches Handeln als Hermeneutik der Kirche

Frank Otfried July

1. Einleitung: Bultmann und Württemberg

Am 18. Januar 1952 veranstaltete die Evangelische Akademie Bad Herrenalb in Baden eine Tagung mit kirchenpolitischem Konfliktstoff. Kontrovers diskutierten damals Befürworter und Gegner das Entmythologisierungsprogramm Rudolf Bultmanns und luden dazu auch den Neutestamentler Günther Bornkamm ein, bekanntlich Schüler und Freund Bultmanns. Wenige Tage nach der Tagung schreibt Bornkamm an Bultmann und hält nun fest:

> »Der Entmythologisierungskrieg geht – kalt u. heiß – auch in den süddeutschen Kirchen weiter. Neulich hat man mich sogar von Seiten der Landeskirche im letzten Augenblick zu einer großen Laientagung der Ev. Akademie Herrenalb als advocatus diaboli mit allen Rechten des enfant terrible zugezogen.«[1]

Bornkamm berichtet in seinem Schreiben an Bultmann von der Spannung, die das Treffen geprägt habe und sieht hier grundsätzliche Konflikte ausbrechen. Über die Kritik an Bultmanns Theologie notiert er ebenfalls für Bultmann: »Der Angriff gilt längst der wissenschaftlichen Theologie überhaupt. Die Tübinger bekommen es z.Zt. am eigenen Leibe zu spüren. Ich fürchte freilich, dass sie diesen Kampf nicht prinzipiell durchzustehen in der Lage sind.«[2]

Bultmann, der wenige Monate zuvor emeritiert worden war und nun in der noch jungen Bundesrepublik um öffentliche Anerkennung für seine Theologie stritt, schreibt Bornkamm wenige Tage darauf, am 7. Februar 1952, zurück. Ihm war nicht entgangen, dass die schärfsten Kritiker gerade in Württemberg zu finden waren. Bornkamm gegenüber erwähnt er daher eine kritische Stellungnahme des Württembergischen Brüderrats, die er gar als

[1] Werner Zager (Hg.), Rudolf Bultmann/Günther Bornkamm: Briefwechsel 1926–1976, Tübingen 2014, 260.

[2] A.a.O., 261.

›Bannbulle‹ bezeichnet, und fährt dann fort: »Dass es [...] im Schwabenlande jetzt recht lebhaft zugeht, ersehe ich aus Briefen von Ebeling, Fuchs u. Metzger«[3], und ebenfalls Richtung Württemberg gewandt, wo der Konflikt um Bultmanns Entmythologisierungsprogramm meinen Bischofsvorgänger Landesbischof Haug zu einem kritischen Rundschreiben veranlasst hatte, fügt er an: »Dem Bischof Haug soll schon grauen vor den Geistern, die er heraufbeschworen hat, – was ihm zu gönnen ist.«[4]

Wenn ich nun im Rahmen der Jahrestagung der Bultmann-Gesellschaft in Bad Herrenalb in der Badischen Akademie auf württembergischem Kirchengebiet als Landesbischof der Evangelischen Kirche in Württemberg spreche, so weiß ich wohl um die alten Konfliktlinien zwischen den vornehmlich pietistisch-evangelikalen Strömungen dieser, meiner Landeskirche und der akademischen Theologie, die in diesen Briefpassagen zwischen Bornkamm und Bultmann beispielhaft anklingen. Nun aber, mehr als sechzig Jahre später, werden nur noch selten hüben wie drüben neutestamentliche Ketzerhüte verteilt. Wilfried Härle hielt anlässlich des 125. Geburtstages von Bultmann 2009 sogar fest: »Einstmalige[r] Erzketzer – nun fast Kirchenvater.«[5] So ist es kein Gang nach Canossa, respektive nach Bad Herrenalb, sondern Ausdruck meiner freundlichen Verbundenheit mit der Arbeit der Rudolf-Bultmann-Gesellschaft für Hermeneutische Theologie als jemand, der in den siebziger Jahren seiner Studienzeit und auch später viel Gewinn aus der Beschäftigung und Auseinandersetzung mit Texten Rudolf Bultmanns ziehen konnte.

Vieles hat sich seit damals beruhigt und ich lasse daher die alten Streitfragen nach dem historischen Jesus, nach dem Sinn des Mythos und der Wahrheit des biblischen Auferstehungszeugnisses einmal ruhen. Freilich ist es für kirchenleitendes Handeln – insbesondere auch in Württemberg – weiterhin unabdingbar, diese Dauerkonflikte evangelischer Frömmigkeit innerhalb der Kirche nicht nur auszuhalten, sondern überhaupt die Gesprächsfähigkeit zwischen diesen unterschiedlichen Positionen gerade als Ausdruck kirchenleitenden Handelns zu erhalten.[6] Der Erhalt der Gesprächsfähigkeit ist als Bischof gerade auch im Hinblick auf den Umgang mit aktuellen wie grundlegenden Notsituationen, in die Menschen geraten, sehr wichtig. Uns gelingt es in großer Einmütigkeit in den Kirchen in Deutschland, die gegenwärtige Not der Flüchtlinge als Auftrag an uns zu begreifen und uns ganz selbstverständlich an die Seite der Schwachen zu stellen. Dies geschieht im

---

[3] A.a.O., 264.
[4] A.a.O., 265.
[5] WILFRIED HÄRLE, Unverfügbarkeit – Zum 125. Geburtstag Rudolf Bultmanns, in: zeitzeichen 10 (2009), 28.
[6] Vgl. dazu FRANK OTFRIED JULY, »(K)ein Kirchlein in der Kirche?« Pietistische Frömmigkeit als Aufgabe kirchenleitenden Handelns, in: DPfBl 2 (2016), 73–77.

Rückgriff auf biblische Traditionen. Ich merke bei den vielen Kontakten mit ehrenamtlich Engagierten, politischen Entscheidungsträgern und einer kritischen Öffentlichkeit, wie sehr unser Eintreten für eine gerechte Gesellschaft immer wieder Rückfragen nach dem Grund unseres Handelns provoziert. Ich bin aber erschüttert, wie bei manchem – auch unserer Gemeindeglieder – der Bezug auf biblische Traditionen, auf die Dimension von Gerechtigkeit und Barmherzigkeit als kirchliche ›Lyrik‹ und Blauäugigkeit zur Seite geschoben werden. So begegnet mir auch hier ein zutiefst hermeneutischer Anspruch.[7] Schließlich ist die Kirche theologisch selbst gefordert, wenn sie sich für eine enge Verbundenheit von Verkündigung und Diakonie ausspricht und dies ebenfalls in ihr hermeneutisches Grundanliegen integriert.

2. Hermeneutik der Kirche

Nach diesen Vorbemerkungen und einem Blick zurück nun der Blick nach vorn: »Zurückübersetzen in die volle ganze Lebendigkeit.« – Diakonisches Handeln als Hermeneutik der Kirche. So lautet der Titel dieser Überlegungen. Nun enthält ja bereits dieser Titel zwei gewichtige Behauptungen, die manchem vielleicht sogar wie eine hermeneutische Provokation erscheinen können. Im Sinne Bultmanns ist es doch sicher nicht, eine Hermeneutik anzuzeigen, die sich ganz als Hermeneutik der *Kirche* versteht und keine Hermeneutik der Texte ist, auf die sich diese Kirche gründet? Zum Zweiten kann gefragt werden: Kann es überhaupt eine Kunstlehre des Verstehens geben, die ihr Verstehen aus dem Handeln bezieht? Gibt es das, ein ›diakonisches Handeln als Hermeneutik der Kirche?‹ – Reduziert sich ein solches Selbstverstehen der Kirche dann nicht auf ihre Sittlichkeit?

Ganz sicher ereignet sich das Verstehen nicht einfach ohne Übersetzungsarbeit. Eine »volle, ganze Lebendigkeit« wird es angesichts der Fremdheit biblischer Texte wohl nur im Sinne der Übersetzung geben. Aber auch hier öffnen sich neue Fragen: Geschieht dieses Verstehen im Rückgewinnen einer immer schon bestehenden Wirklichkeit, in die sich der Verstehende einbeziehen lässt, oder entwirft das Verstehen eine neue Wirklichkeit, die der Zukunftsoffenheit der biblischen Verheißungen entspricht?

Diesen Anfragen an die Themenstellung will ich zunächst mit einem Hinweis auf die Hermeneutik selbst begegnen. Ich bin durch Lehrer in Wissenschaft und Kirche geprägt worden, die zutiefst dem hermeneutischen Grund-

[7] Vgl. dazu Frank Otfried July, »... dass unser Weg uns zu euch führt« (1Thess 3,11) – Kirche und die eine Welt. Bericht des Landesbischofs der Evangelischen Landeskirche in Württemberg Dr. h. c. Frank Otfried July vor der 15. Landessynode am 10.03.2016, Stuttgart 2016, 11ff.

gestus von Theologie verpflichtet waren. Wenn wir ernst nehmen, was die Inkarnation (Joh 1) sagen will, so ist das Kommen Gottes zur Welt immer schon ein zutiefst ›bewegendes‹ Geschehen, auf die jede Form der Theologie verstehend, rückbewegend Bezug nimmt. Der theologische Grundanspruch der Hermeneutik bleibt also unbestritten. Ihre Dominanz im akademischen Diskurs ist aber in den letzten Jahren wohl doch in Frage gestellt worden. Selbstkritisch hielt unlängst der Wiener Theologe Ulrich Körtner in seinem Überblick über die theologische Hermeneutik seit der Jahrtausendwende fest:

> »Die Blütezeit Hermeneutischer Theologie liegt mehrere Jahrzehnte zurück. Der panhermeneutische Traum, der in einer universalen Hermeneutik die Basis alles Welt- und Selbstverstehens sah, scheint ausgeträumt. Wo die Hermeneutik weiter gepflegt wird, geschieht dies meist mit einer Bescheidenheit, die um die Konkurrenz zu anderen Theorien der Interpretation und deren Leistungsfähigkeit weiß.«[8]

In den folgenden Überlegungen will ich nun gleichsam ein Gespräch beginnen. Ich will mich dabei mit der Frage befassen, welche Impulse von Bultmanns Theologie *heute* für das Handeln der Kirche ausgehen.

3. Bultmann und die Ethik des Nächsten

Ich beginne mit einigen biografischen Reminiszenzen. Bultmann und die Diakonie: Rudolf Bultmann stammte aus einem bürgerlich-humanistischen Milieu. Eine gesellschaftspolitische Grundhaltung, die seine Theologie wesentlich mitgeprägt hätte, ist anders als bei Karl Barth nur sehr verhalten zu spüren. Diakonisches Handeln der Kirche nahm er als selbstverständlichen Teil ihres Wesens wahr, ohne sich damit wirklich zu beschäftigen. In der NS-Zeit trat er für führende Persönlichkeiten der Diakonie ein und schätzte Männer wie Hans Schimmelpfeng oder Friedrich von Bodelschwingh.[9] Dennoch war die Diakonie kein Teil seines akademischen Lebenshorizontes. Fast anekdotenhaft wirkt die Begeisterung seiner Tochter Antje für Albert Schweitzer. Der Briefwechsel zwischen Schweitzer und Bultmann stellt ganz das kindliche Helfen-Wollen in den Vordergrund.[10] Bultmanns Patentochter Elisabeth Pleus, für die Bultmann eine große menschliche Wärme empfand, wurde später Diakonisse.[11] Bultmann hat das gewürdigt, aber nicht zum Antrieb seiner Theolo-

---

[8] Ulrich H.J. Körtner, Literatur zur theologischen Hermeneutik 2000–2014 (Teil 1), in: ThR 79 (2014), 190–223: 190.

[9] Vgl. Konrad Hammann, Rudolf Bultmann. Eine Biografie, Tübingen [3]2012, 321ff.

[10] Werner Zager (Hg.), Albert Schweitzer. Theologischer und philosophischer Briefwechsel 1900–1965, München 2006, 182–185.

[11] Vgl. Hammann, Bultmann (s. Anm. 9), 73.

gie gemacht. Fast könnte man sagen, dass die Diakonie im Leben und Arbeiten Bultmanns eine Leerstelle blieb.

Dieser Befund ist umso interessanter, weil sich in seinen Schriften einige bemerkenswerte Hinweise finden, die erklären, wie es zu dieser Leerstelle kam. Ich bringe sie näher mit dem Ziel, sie für meine Fragestellung fruchtbar zu machen. Besonders aufschlussreich sind die Predigten Bultmanns, setzen sie doch in Szene, was oft genug dem Mann aus Marburg abgesprochen wurde: Glauben *und* Erkennen zusammen zu bringen. In einer Predigt vom 11. Dezember 1938, also wenige Wochen nach der Reichspogromnacht, steht das adventliche Warten auf Christus ganz im Mittelpunkt. Bultmann entfaltet anhand des Textes aus Mt 11,2–6, dass die Gegenwart Christi in dieser Welt ein Wunder sei, das sich durch die Verkündigung seiner Botschaft vollziehe. Er sagt:

> »Ein Wunder ist jede Tat [...] und jedes Ereignis, das sich da ereignet wo Jesus waltet. Und wo waltet er? Wo das Wort des Evangeliums gepredigt und gehört wird. Und deshalb ist in Jesu Antwort dies das wichtigste, in dessen Lichts [sic] das andere erst verständlich wird: den Armen wird das Evangelium gepredigt! Denn das lässt sich nicht leugnen: es gibt Taten, die durch nichts anderes geweckt sind als durch diese Predigt [...]. Wir wollen solche Taten nicht aufzählen und wollen zumal nicht auf die organisierten christlichen Liebeswerke hinweisen; denn als Wunder kann diese Taten immer nur der erkennen, der sie an sich erfährt. Es sind keine Beweise, denn jeder kann sich ihrem Eindruck entziehen, ja, sich an ihnen ärgern, weil diese Taten oft gar nicht in den Plan der Welt passen, in ihre pädagogischen oder sozialpolitischen Gedanken, in ihre kluge Lebensgestaltung, – weil sie keinen anderen Grund haben als den, dass sie durch das Wort des Evangeliums geweckt sind. [...] Den Armen, das heißt denen, die an dieser sichtbaren Welt leiden, die da warten auf die kommende Welt. Und was wird ihnen gepredigt? Mit einem Wort: die Freiheit von dieser Welt.«[12]

Dieser Predigtausschnitt ist aus mehreren Gründen beispielhaft: Bultmanns Theologie war spätestens seit 1923 stark von der Wort-Gottes-Theologie geprägt. Dieses Wort, das Leben und Freiheit bedeutet, wie Bultmann sagt, trifft den Menschen unvermittelt und eröffnet mitten im Alltag den Horizont des Ewigen. Dass Menschen dem Ruf Gottes entsprechen und helfen, Not zu lindern, ist keine Tugend der Sittlichkeit. Sie ist auch nicht zu verstetigen und folgt keiner Logik weltlichen Handelns. Auffällig ist, wie sich diese Linien auch sonst verschränken:

In seinem Aufsatz »Der christliche Sinn von Glaube, Liebe, Hoffnung« von 1925 lehnt er die Liebe als humanistische Tugend ab und beschreibt sie vielmehr als »Haltung des der Forderung Gottes gehorsamen Menschen dem anderen gegenüber«[13], und in dem 1930 publizierten Beitrag »Das christliche

[12] Rudolf Bultmann, Marburger Predigten, Tübingen 1956, 94ff.
[13] Rudolf Bultmann, Der christliche Sinn von Glaube, Liebe, Hoffnung, in: ZEvRU 36 (1925), 170–172.197–199: 197.

Gebot der Nächstenliebe« setzt er sich mit der Fragestellung einer christlichen Ethik in Abgrenzung zu Emil Brunner auseinander und hält gleich zu Beginn programmatisch fest: »Wir wollen gleich sagen, dass die christliche Forderung ein Imperativ im zweiten Sinne ist, der also nicht durch den Blick auf ein Ideal, sondern durch den im Jetzt erklingenden Anspruch motiviert ist.«[14] Daraus erwächst für Bultman eine Ethik der Begegnung: »Der Nächste ist einer, der immer schon da ist, den ich immer schon habe und den ich nicht erst zu suchen brauche.«[15] Die Begegnung geschieht »aus einer primären Verbundenheit von Ich und Du heraus.«[16]

Das scheint mir der Nukleus der Bultmannschen Ethik der Nächstenliebe zu sein: unmittelbar, personal, in der Begegnung. Im Übrigen erkennt Bultmann von dort aus, dass Begriffe wie Gerechtigkeit »nur die formale Struktur«[17] des Handelns beschreiben. Seine besondere Schärfe bekommt diese Haltung im Hinblick auf die diakonischen Folgen. Jede christliche Frage nach dem Ziel meines guten Tuns oder dem Zweck meiner Liebe verbietet sich: »Die Liebe ist also nicht ein einsichtiges, ethisches Prinzip [...]. Das Liebesgebot traut dem Menschen zu und mutet ihm zu, dass er in der konkreten Situation des Lebens seinen Nächsten sehe und wisse, was er zu tun hat.«[18]

4. Bausteine einer diakonischen Hermeneutik

Schauen wir nun mit diesem Befund weiter zurück auf die Geburtsstunden evangelischer Diakonie. Natürlich konnte es auch für ihren Begründer, Johann Hinrich Wichern, kein diakonisches Handeln der Kirche ohne die feste Bindung an das biblische Gebot der Nächstenliebe geben. Freilich ist bei Wichern wichtig, den theologischen Ausgangspunkt seiner Verhältnisbestimmung von *Impuls und Struktur* zu sehen. Während bei Bultmann jede diakonische Struktur in einem abgeleiteten Verhältnis zur Unmittelbarkeit der Begegnung steht, greift Wichern auf die johanneische Form der gemeinschaftlichen Erfahrung von Zuwendung und Hilfe zurück, die in Joh 13–17 das Liebesgebot in eine Form der Entsprechung bringt: »Diakonie ist die den Armen zugewendete Liebespflege«[19], so Wichern, weil »Christi Erscheinung [...] die volle Offenba-

---

[14] Rudolf Bultmann, Das christliche Gebot der Nächstenliebe (1930), in: ders., Glauben und Verstehen, Bd. 1, Tübingen [5]1964, 229–244: 230.

[15] A.a.O., 231.

[16] Ebd.

[17] A.a.O., 233.

[18] A.a.O., 239.

[19] Johann Hinrich Wichern, Gutachten über die Diakonie und den Diakonat (1856), in: Peter Meinhold (Hg.), Johann Hinrich Wichern. Sämtliche Werke, Bd. III/1: Die Kirche und ihr soziales Handeln, Berlin 1968, 128–184: 130.

rung in der Diakonie ist«[20]; die in Joh 13–17 beschriebene Sozialgestalt christlicher Nächstenliebe übersetzt Wichern in die Form freier Diakonie. Sie geschieht in Familien, Nachbarschaft und freien Zusammenkünften. Ihr lagert er zwei weitere konzentrische Kreise vor, den der kirchlichen Diakonie und jenen der bürgerlichen Diakonie. Wichern ordnet Reichweite und Personenkreis der jeweiligen Dienste, weil es ihm um die Wirksamkeit der Hilfe geht. Sein Anliegen betrifft die *innere* Mission der ganzen Gesellschaft. Zwar hält er fest, das diakonische Handeln habe seine theologische Mitte in der kirchlichen Verkündigung und strahle auf alle Bereiche der Gesellschaft aus, aber anders als bei Bultmann steht ja bei der freien Diakonie das gemeinschaftliche Handeln im Vordergrund, nicht wie bei Bultmann die unmittelbare, persönliche Begegnung.

Wenn wir nun an das berühmte Gleichnis vom barmherzigen Samariter aus Lk 10 denken, so stellt sich die Grundfrage innerhalb des diakonischen Handelns ›Wer ist mein Nächster?‹ Diese Frage beantwortet Wichern mit einem anderen Interessenhintergrund. Ihm ging es um die Voraussetzung für *nachhaltiges* diakonisches Handeln. Deswegen die Wertschätzung des Diakonats, deswegen die lückenlose Wahrnehmung der vielen Nächsten nah und ferner. Nun besteht gegenwärtig ja durchaus in dem Erfolg der Diakonie auch ein Problem der Kirche. Die Strukturen verfasster Diakonie sind wichtig für den Erfolg der Zuwendung zum Nächsten. Das zeigt sich gerade in diesen Monaten in der Bewältigung der Flüchtlingsaufnahme. Zusätzlich ist in Deutschland das ausgefeilte System von Subsidiarität, diakonischer Verantwortungsübernahme gepaart mit hoher Fachlichkeit und gesellschaftlicher Kompetenz. Nirgendwo erreicht kirchliche Arbeit so viele Menschen wie in ihrer diakonischen Gestalt. An manchen Stellen könnte man sogar vom diakonischen Gemeindeaufbau sprechen.

Dennoch ist die Frage nach dem Kern des diakonischen Auftrags inmitten einer erfolgreich handelnden, an den Marktgesetzen des Sozialmarktes orientierten Einrichtungsdiakonie ein Grundproblem. Schon 2001 hielt der Diakoniewissenschaftler Joachim Weber fest, dass das Diakonische »vom diakonisch Tätigen oftmals nur noch mit dem Hinweis auf eine relativ unspezifische Menschlichkeit im Umgang mit Hilfe und Hilfsbedürftigkeit gesehen«[21] werde und fährt mit der provokanten Zuspitzung fort: »Der Diakonie ist damit ihr Proprium abhandengekommen.«[22] Natürlich ist der Diakoniewissenschaft diese Herausforderung nicht unbekannt und sie hat mit zahlreichen Konzepten einer diakonischen Theologie auf die Handlungslogiken diakonischer Ein-

[20] A.a.O., 132.
[21] Joachim Weber, Diakonie in Freiheit? Eine Kritik diakonischen Selbstverständnisses, Bochum 2001, 251.
[22] A.a.O., 252.

richtungen dieses Proprium eingefordert, etwa durch das stark rezipierte Konzept vom ›Theologischen Cockpit‹, das im Anschluss an Hanns-Stephan Haas entwickelt wurde und die Notwendigkeit benennt, auf grundlegende Entscheidungen, ›Richtungen‹ einer Einrichtung im Sinne der Theologie steuernd einzugreifen.[23] Und ich weiß aus eigener Erfahrung, dass auch die diakonischen Einrichtungen seit vielen Jahren dieses Problem, diese Fragestellung und Herausforderung sehen und auch in vielerlei Weise zu bearbeiten versuchen. Deswegen kann ich den vorher zitierten Weberschen Satz nur als Pro-Vokation im wahren Sinne des Wortes verstehen: Die diakonischen Einrichtungen mögen sich von geistlichen Lebensgeistern neu beflügeln lassen. Das Problem dieser vielfältigen Konzepte ist allerdings, dass sie in den alltäglichen Handlungsvollzügen oft nur eine untergeordnete Rolle spielen. Hinzu kommen neue Herausforderungen des Arbeitsrechtes.[24] Daher verdient eine Studie des Diakoniewissenschaftlers Martin Horstmann Beachtung, der 2011 zeigen konnte, dass sich die Implementierung einer theologisch erkennbaren Diakonie vor allem als Bildungsprozess der Mitarbeitenden auffassen lässt. Seine didaktischen Zugänge zur Diakonie tragen einen unverkennbar hermeneutischen Grundzug. Horstmann begreift Diakonie daher auch als ein Interpretationsgeschehen und nicht primär als Handlungsvollzug.[25]

Horstmann kommt zu dieser überraschenden Einschätzung, weil er das ›diakonische Proprium‹ nicht systematisierend oder historisch entwickelt, sondern bildungstheoretisch beschreibt. Er spricht von diakonischen Elementaria, mit denen er das Diakonische erschließen will. Diese Elementaria sind[26] ›Diakonische Grunderfahrungen‹, ›Diakonische Gestaltungsmuster‹ und schließlich ›Diakonische Wirkrichtungen‹. Zuerst zu den Grunderfahrungen: Hier spielt Horstmann Grunderfahrungen ein, die entstehen, wenn Menschen sich der Not eines anderen aussetzen. Horstmann spricht hier u.a. von »Berührtwerden, Angewiesensein und dem Kairos des Erfülltseins«[27]. Auf dieser Ebene gibt es eine erstaunliche Parallelität zu Bultmanns Rede von der Unmittelbarkeit des Nächsten.

Entscheidend ist nun, wie diese Erfahrungen zu diakonischem Handeln führen. Horstmann unterscheidet zwischen Gestaltungsmustern und Wirk-

---

[23] HANNS-STEPHAN HAAS, Theologie und Ökonomie. Ein Beitrag zu einem diakonierelevanten Diskurs, Gütersloh 2006, 515.

[24] Vgl. Kirchenzugehörigkeit als Voraussetzung zur Begründung und Aufrechterhaltung eines Arbeitsverhältnisses in der evangelischen Kirche. Fachgespräch, veranstaltet von der Forschungsstätte der Evangelischen Studiengemeinschaft e.V. (FEST), Heidelberg und dem Kirchenrechtlichen Institut der EKD, Göttingen, Berlin 13.05.2015, publiziert in: epd-Dokumentation Nr. 43/20015, Frankfurt a.M. 2015.

[25] MARTIN HORSTMANN, Das Diakonische entdecken, Heidelberg 2011.

[26] Vgl. a.a.O., 236ff.

[27] A.a.O., 247.

richtungen. Beide Ebenen sind für unsere Fragestellung höchst aufschlussreich. Horstmann beschreibt die Gestaltungsmuster als Baugesetze des Diakonischen. Sie changieren zwischen deskriptivem Abbild und normativer Idee und weisen eine komplementäre Struktur auf. Als Beispiele nennt er »Barmherzigkeit, Nächstenliebe und Gerechtigkeit«, aber auch Präsenz, Intervention, Hingabe und Mitleidenschaft.[28] Davon trennt Horstmann schließlich die Wirkrichtungen, also alles, was als Auswirkungen konkreter Tätigkeit angesehen werden kann. Hier führt er als Beispiele u.a. Versöhnung, Befreiung und Heilung an.[29]

5. Bultmann und die Rede von der ›Unverfügbarkeit‹

In diesem bemerkenswerten Konzept des Diakonischen gibt es zwei Scharnierstellen, die ich besonders wichtig finde und die im Lichte der Theologie Bultmanns noch einmal an Klarheit gewinnen. Horstmann beschreibt diakonisches Handeln als Reaktion auf tiefe menschliche Erfahrungen im Angesicht des Nächsten. Als Reaktion darauf entwickelt er Gestaltungsmuster des Diakonischen. Diesen wohnt, so Horstmann, ein »dynamischer Charakter«[30] inne. Horstmann erkennt, dass zwischen den Grunderfahrungen und den Gestaltungsmustern eine Unverrechenbarkeit besteht. Ich will diese Zuschreibung noch verstärken und verweise daher auf Bultmanns Begriff der *Unverfügbarkeit.* Mit diesem Begriff benennt Bultmann zuerst die erkenntniskritische Grenze der Erkennbarkeit Gottes. Angemessen ist für Bultmann ein Glaube ohne Beweis und historische Ableitung, ein Reden von und nicht über Gott. Wilfried Härle hat die ›Unverfügbarkeit‹ bei seinem Vortrag vor der Bultmann-Gesellschaft 2010 als einen der zentralen Begriffe seiner Theologie bezeichnet und präzisiert, die Unverfügbarkeit umschiffe die »Skylla von der Eigenmächtigkeit des Menschen ebenso wie die Charybdis eines mirakelhaften, supranaturalen Eingreifens Gottes.«[31] Macht man Ernst mit dieser Unverfügbarkeit, so zeigt sich, dass sie das Ergriffensein durch den Anderen, *der mir als Nächster aufgegeben ist, hervorhebt.* Zugleich, und das ist für die Hermeneutik des Anderen entscheidend, bleibt der Nächste mir unverfügbar und fremd.[32] Ich kann

---

[28] A.a.O., 250f.
[29] A.a.O., 254f.
[30] A.a.O., 249.
[31] Vgl. Wilfried Härle, Rudolf Bultmanns Theologie der Unverfügbarkeit, in: Rudolf Bultmann (1884–1976) – Theologe der Gegenwart. Hermeneutik – Exegese – Theologie – Philosophie, hg. von Andreas Klein und Christof Landmesser, Neukirchen-Vluyn 2010, 69–86: 79.
[32] Vgl. insgesamt zu der Erfahrung des Fremden: Bernhard Waldenfels, Grundmotive einer Phänomenologie des Fremden, Frankfurt a.M. 2006.

ihn nicht zum Objekt diakonischer Bestimmung machen. Der Zusammenhang zwischen Tiefenerfahrung und Grundmustern bleibt also fluide.

Die Unverfügbarkeit wirkt wie ein erratischer Block, der für Fragment, Fremdheit und Störung eintritt. Dies geschieht nicht aus theologischem Spiel, sondern, um mit Jochen Hörisch zu sprechen, gegen die Wut des Verstehens, die das Gegenüber zum Eigenen macht.[33] Hier ist anzumerken, dass alle sozialwissenschaftlichen Untersuchungen, so wertvoll sie auch sein mögen, im Sinne Bultmanns die Grenze zwischen dem Verstehen (aus Ergriffenheit heraus) und Deuten (als Explikation des Subjekts) verschieben können. Übrigens könnte diese Denkfigur auch in der gegenwärtigen Flüchtlingsdebatte eine Rolle spielen. Es gilt, die Fremdheit derer auszuhalten, die fremd sind und sie nicht einfach kulturell ›einverleiben‹ zu wollen.

Kehren wir noch einmal zu Horstmanns Didaktischer Diakonie zurück. Horstmanns Elementaria des Diakonischen zielen nicht auf ein sektorales Verständnis von Diakonie ab. Diakonie gliedert sich nicht in Handlungsvollzüge auf, sondern will zeigen, dass grundlegende Gestaltungsmuster und vor allem Wirkrichtungen gleichsam eine je eigene Dimension von Kirche in der Welt eröffnen.[34] Dies ist also ein je eigener Blick in allen Bereichen von Kirche und Diakonie mit dem Anliegen des Verstehen Wollens. Es ist eine hermeneutische Diakonie. Sie hat drei Elemente: ›sich und den anderen als Nächsten verstehen‹; das Diakonische in der Diakonie verstehen und das diakonische Handeln als Hermeneutik der Kirche verstehen.

Das hat zwei Auswirkungen: Zum einen vollzieht sich diakonisches Handeln eben nicht nur in den diakonischen Werken und Einrichtungen, sondern in jeder Lebensäußerung der Kirche. Zum anderen ist diese Perspektive auch von der Kirche als Auslegungsgemeinschaft bestimmt.[35] Gestaltungsmuster und Wirkrichtungen entstehen durch kirchliche Prägungen und Räume der Gesellschaft, die diese Auslegungsgemeinschaft offen und zugänglich hält, sakrale Räume, Räume radikaler Weltlichkeit und Zwischen-Räume. Beides ist anschlussfähig an die aktuellen Gerechtigkeitsdebatten, die unsere Gesellschaft gegenwärtig bestimmen.[36]

---

[33] JOCHEN HÖRISCH, Die Wut des Verstehens. Zur Kritik der Hermeneutik, Frankfurt a.M. 1988.

[34] A.a.O., 261.

[35] Diese Auslegungsgemeinschaft bietet die Gewähr für die durchgehende, verlässliche und im Sinne der Bekenntnisgemeinschaft normative Auslegung des Evangeliums. Im Kontext einer säkularen Kultur ist dies ein Wert an sich, bleiben dadurch doch die Texte der Bibel im Zug ihrer innerprotestantisch höchst differenten Auslegungsgeschichte überhaupt für diese Kultur verlässlich verfügbar.

[36] ELISABETH GRÄB-SCHMIDT, Gerechtigkeit als Horizontbegriff der Ethik, in: TIM UNGER (Hg.), Zum Glauben reizen. Mission und Glaubensvermittlung in der postsäkularen Gesellschaft, Hannover 2011, 250–266.

Wir haben sehen können, welche Impulse von Bultmanns Theologie bis heute für eine diakonische Hermeneutik der Kirche ausgehen können, aber auch, wo die Grenzen dieses Verstehens liegen. Im Sinne der diakonischen Elementaria will ich noch einmal auf die Tiefenerfahrungen, das unmittelbare Ergriffensein durch die Not des Anderen zurückkommen. Der frühe Bultmann war so sehr von der philosophischen Tradition des 19. Jahrhunderts geprägt, dass er eine Verstehenslehre nur so entwickeln konnte, dass sie den Akt des Verstehens nicht unter Absehung des »vorgängigen Lebensverhältnisses zu der Sache«[37] denken konnte. Ich habe mir aus diesem Traditionsstrang des Bultmannschen Denkens schließlich den Titel meines Vortrags entlehnt: »Das Zurückübersetzen in die volle ganze Lebendigkeit«, ein Zitat von Wilhelm Dilthey,[38] den Bultmann sehr schätzte, dieses Zurückübersetzen ist nun ein Bild für diakonisches Handeln der Kirche selbst: Es betont die Geheimnishaftigkeit des Lebens und die Würde des nicht Verrechenbaren. Es zeigt unsere tiefe Ergriffenheit und zuletzt erinnert es uns daran, dass wir als Christen immer auf dem Weg sind: Handeln aus Gewissheit ist Leben aus Gnade. Das wäre das Ziel einer solchen diakonischen Hermeneutik: Im Nächsten die volle ganze Lebendigkeit zu erkennen.

---

[37] RUDOLF BULTMANN, Das Problem der Hermeneutik (1950), in: DERS., Glauben und Verstehen, Bd. 2, Tübingen [4]1965, 211–235: 227.

[38] WILHELM DILTHEY, Der Aufbau der geschichtlichen Welt in den Geisteswissenschaften, Gesammelte Schriften, Bd. VII., hg. von BERNHARD GROETHUYSEN, Göttingen 1992, 151.

Die Autoren

July, Frank Otfried, Dr. h.c., geb. 1954,

seit 2005 Landesbischof der Evangelischen Kirche in Württemberg. 1975–1980 Studium der ev. Theologie an den Universitäten in Tübingen und Wien, 1980–1983 Vikariat in Reutlingen-Betzingen. Anschließend bis 1987 Wissenschaftlicher Assistent an der Evangelisch-Theologischen Fakultät in Heidelberg. 1987–1996 Persönlicher Referent der Landesbischöfe Hans von Keler, Theo Sorg und Eberhardt Renz. 1996–2005 Direktor und erster Pfarrer des Evangelischen Diakoniewerks Schwäbisch Hall. 2008 von der Theologischen Fakultät der Universität Tübingen zum Dr. h.c. promoviert. Seit 2010 Vizepräsident des Lutherischen Weltbundes für die Region Mittel- und Westeuropa.

Kleffmann, Tom, Dr. theol., M.A., geb. 1960,

seit 2006 Universitätsprofessor für Systematische Theologie an der Universität Kassel. Studium der Theologie, Philosophie und Geschichte in Göttingen und Tübingen, Promotion und Habilitation an der Georg-August-Universität Göttingen (1993 und 2001), Ordination 1998, Gastprofessor an der Humboldt-Universität Berlin 2005–2006.

Veröffentlichungen (Auswahl): Die Erbsündenlehre in sprachtheologischem Horizont. Eine Interpretation Augustins, Luthers und Hamanns, BHTh 86, Tübingen 1994; Nietzsches Begriff des Lebens und die evangelische Theologie. Eine Interpretation Nietzsches und Untersuchungen zu seiner Rezeption bei Schweitzer, Tillich und Barth, BHTh 120, Tübingen 2003; Grundriß der systematischen Theologie, Tübingen 2013.

Landmesser, Christof, Dr. theol., geb. 1959,

seit Oktober 2006 Universitätsprofessor für Neues Testament an der Evangelisch-theologischen Fakultät der Eberhard Karls-Universität Tübingen. Studium der ev. Theologie und Philosophie in München und Tübingen. 1988–1990 Vikariat in Tübingen, anschließend Assistentenzeit in Tübingen. Promotion 1998 und 2000 Habilitation an der Evangelisch-theologischen Fakultät in Tübingen. 2003–2006 Professor für Neues Testament an der Johannes-Gutenberg-Universität Mainz. Seit 2008 Vorsitzender des Vorstands der Rudolf-Bultmann-Gesellschaft für Hermeneutische Theologie. Seit 2010 Mitglied in der Kommission für den bilateralen Dialog der Evangelischen Kirche in Deutschland mit dem Ökumenischen Patriarchat Konstantinopel. Seit 2013 Mitglied im Ökumenischen Arbeitskreis evangelischer und katholischer Theologen.

Veröffentlichungen (Auswahl): Wahrheit als Grundbegriff neutestamentlicher Wissenschaft, WUNT 113, Tübingen 1999; Jüngerberufung und Zuwendung zu Gott. Ein exegetischer Beitrag zum Konzept der matthäischen Soteriologie im Anschluß an Mt 9,9-13, WUNT 133, Tübingen 2001; gem. m. Hans-Joachim Eckstein u. Hermann Lichtenberger (Hg.), Jesus Christus als die Mitte der Schrift. Studien zur Hermeneutik des Evangeliums, BZNW 86, Berlin 1997; gem. m. Christine Helmer (Hg.), One Scripture or Many? Canon from Biblical, Theological, and Philosophical Perspectives, Oxford/New York 2004; gem. m. Andreas Grossmann (Hg.), Rudolf Bultmann – Martin Heidegger, Briefwechsel 1925–1975, Frankfurt/Tübingen 2009; gem. m. Dorothee Dettinger (Hg.), Ehe – Familie – Gemeinde. Theologische und soziologische Perspektiven auf frühchristliche Lebenswelten, ABG 46, Leipzig 2014; gem. m. Martin Bauspiess u. David Lincicum (Hg.), Ferdinand Christian Baur und die Geschichte des frühen Christentums, WUNT 333, Tübingen 2014.

Marten, Rainer, Dr. phil., geb. 1928,

Studium der Klassischen Philologie (Griechisch), Alte Geschichte und Philosophie in München und Freiburg, Promotion 1955; Habilitation 1963 an der Albert-Ludwigs-Universität Freiburg. 1978 ordentlicher Professor im Fach Philosophie an der Albert-Ludwigs-Universität Freiburg.

Veröffentlichungen (Auswahl): Endlichkeit. Zum Drama von Tod und Leben, Freiburg i.Br./München 2013; Radikalität des Geistes: Heidegger – Paulus – Proust, Freiburg i.Br./München 2012; Maßlosigkeit. Zur Notwendigkeit des Unnötigen, Freiburg i.Br./München 2009.

Neuwirth, Angelika, Dr. phil., geb. 1943,

von 1991–2014 Universitätsprofessorin für Arabistik an der Freien Universität Berlin. Studium der Arabistik, Semitistik und Klassischen Philologie in Berlin, Teheran, Göttingen, Jerusalem und München, Promotion an der Georg-August-Universität Göttingen 1972; Habilitation 1977 an der Ludwig-Maximilians-Universität München. 1994–1999 Direktorentätigkeit am Orient-Institut der Deutschen Morgenländischen Gesellschaft Beirut und Istanbul, seit 2003 Mitarbeit an verschiedenen Fellowprojekten des Wissenschaftskollegs zu Berlin, zuletzt *Europe in the Middle East – The*

Middle East in Europe, seit 2007 Projektleiterin des *Corpus Coranicum*; Beirätin des VdWR.

Veröffentlichungen (Auswahl): Der Koran Bd. 2: Frühmittelmekkanische Suren. Das Neue Gottesvolk. Handkommentar mit Übersetzung (in Druck); Koranforschung – eine politische Philologie? Bibel, Koran und Islamentstehung im Spiegel spätantiker Textpolitik und moderner Philologie, Litterae et Theologia 4, Berlin u.a. 2014; Der Koran Bd. 1: Frühmekkanische Suren, Poetische Prophetie. Handkommentar mit Übersetzung, Berlin 2011; Der Koran als Text der Spätantike. Ein europäischer Zugang, Berlin 2010.

POPKES, Enno Edzard, Dr. theol., geb. 1969,

seit April 2010 Universitätsprofessor für Geschichte und Archäologie des frühen Christentums an der Theologischen Fakultät der Christian-Albrechts-Universität zu Kiel. Studium der ev. Theologie und Philosophie in Hamburg und Tübingen, Promotion 2004 an der Ludwig-Maximilians-Universität München; Habilitation 2007 an der Friedrich-Schiller-Universität Jena. Seit 2014 Mitglied des Vorstands der Rudolf-Bultmann-Gesellschaft für Hermeneutische Theologie.

Veröffentlichungen (Auswahl): Die Theologie der Liebe Gottes in den johanneischen Schriften. Studien zur Semantik der Liebe und zum Motivkreis des Dualismus, WUNT II 197, Tübingen 2005; Das Menschenbild des Thomasevangeliums. Untersuchungen zu seiner religionshistorischen und chronologischen Verortung, WUNT 206, Tübingen 2007; Der Krankenheilungsauftrag Jesu. Studien zu seiner ursprünglichen Gestalt und seiner frühchristlichen Interpretation, BThS 96, Neukirchen-Vluyn 2014; Bibelhermeneutik und dogmatische Theologie nach Kant, hg. von HARALD MATERN/ALEXANDER HEIT/ENNO EDZARD POPKES, DoMo 14, Tübingen 2016.

SPIECKERMANN, Hermann, Dr. theol., geb. 1950,

seit 1999 Professor für Altes Testament an der Georg-August-Universität Göttingen. 1969–1975 Studium der ev. Theologie und Altorientalistik in Münster und Göttingen, daselbst 1982 Promotion, 1987 Habilitation. 1989–1992 Professor für Altes Testament und altorientalische Religionsgeschichte an der Universität Zürich, 1992–1999 Professor für Altes Testament und altorientalische Religionsgeschichte an der Universität Hamburg.

Veröffentlichungen (Auswahl): Heilsgegenwart. Eine Theologie der Psalmen, FRLANT 148, Göttingen 1989; Gottes Liebe zu Israel, FAT 33, Tübingen 2001, Studienausgabe 2004; Lebenskunst und Gotteslob in Israel, FAT 91, Tübingen 2014; gem. m. R. FELDMEIER, Der Gott der Lebendigen. Eine biblische Gotteslehre, TOBITH 1, Tübingen 2011.